Anonymus

Über die deutsche Postwelt

Anonymus

Über die deutsche Postwelt

ISBN/EAN: 9783743345720

Hergestellt in Europa, USA, Kanada, Australien, Japan

Cover: Foto ©ninafisch / pixelio.de

Manufactured and distributed by brebook publishing software (www.brebook.com)

Anonymus

Über die deutsche Postwelt

GERMANIA II.

Ueber

die Deutsche

Post - Welt,

nebst

allerley Addressen, etc.

als ein Noth- und Hülfsbüchlein für die zum ewigen Frieden versammelten Nationen in Rastadt.

Cito, citissime.

Hamburg, im Februar.

1798.

Ἀγγαρήϊον

ZUR W. K. ART. 29. S. 5.

---

*Interdum magis afficiunt
non dicta quam dicta*

PINDARUS.

Von Alexander Ladas,
Dromokeriken.

Sulsa, 1798.

Dedikation.

Den Manen des Darius Codomannus
und weyland Max I.
und der Vaterlandsliebe —

*durch die Hände der Französischen
Republik.*

Mildoa. Wie kann man etwas verlassen, das nicht mehr ist?
Ritter. Nicht mehr ist? — So spricht der gesunkene Muth; der Mann schaft sich ein Vaterland, der Schurke verliert es.

DYA NA SORE. II. 78. (*Edit. II.*)

Der Mensch ist nur grofs, durch den Begriff eines Vaterlandes.

LOC. CIT. III. 581.

Praeludium.

Die Leser werden erfahren, daſs ich sehr geschwätzig bin, und daſs ich vielmehr über die Sache, als von der Sache vorzubringen habe.

Ich will daher gleich damit anfangen, wer und was ich sey, und wie ich dazu komme, einen eben so hierogliphischen Nebentitel als pretiöse Dedikation zu machen.

Ich war anfangs Postillon — ich bin nun ein abdankender — Postsekretär, d. h. welcher par dépit selbst des Dienstes sich bedankt hat, weil er auf einem gewiſsen Bureau einem gewiſsen Ansinnen nicht folgen konnte, ohne sich selbst, d. h. seine Grundsäzze zu verlafsen. Es hat mich in der Folge zwar auch meine Post-Obrigkeit (die bey jenem Fall quaestionis einer anderen Obrigkeit folgen — muste) ein wenig sitzen lafsen: obwohl mich das verdrofs, so hat es doch, wie man sehen wird, keinen Einflufs; indessen erwarte ich, nach Lesung dieses Büchleins, weder von jener noch von dieser sonderlichen Dank: das hindert mich aber nicht, den Grundsätzen, die ich in Dya Na Sore fand, (so wenig Eigenes kann man heut zu Tage noch, wie ehedem jene heidnische Eroberer, deren Einer vor einem anderen weinte, in der Folge aber nach dem Mond — die Augen ausstreckte!

(*Asmus.* I. 97.)

Anfangs also weiter nichts mehr

erobern zu können glaubte, am Ende aber wirklich — sich selbst übertroffen hatte — mehr übrig behalten) vielmehr getreu zu bleiben, und mich damit zu trösten, was an einer anderen Stelle gesagt wird:

> die Ehre unsers Daseyns besteht in einem grofsen Endzweck, und unser Glück in seiner Erreichung.
> *loc. cit. II. p.* 87.

Freilich, was das Erreichen betriff, so will ich, wie mir es durchaus ergehet, auf das Glück Verzicht thun, und von der Ehre leben.

Wie es mir durchaus ergehet, sagt' ich, und das hilft mir wieder in den Text; nach dem oben berührten Vorfall, retirirte ich mich, an das Ort, das ich zu Ende dieses Präludii genau nach der mathematischen Geographie angegeben habe, und sah so einige Jahre im Stillen den Welthändeln zu. Um nicht müfsig zu seyn, machte ich mir Collektaneen, und wollte ein Buch, unter dem Titel: Post-Flavius, ein vollständiges System des Postwesens, seine äusserliche sowohl als innerliche Verhältnifse betreffend, machen, und daraus eine Postwissenschaft abziehen, welches freilich manchen Ohren ein Aergernifs seyn wird; worüber ich aber, wenn ich nicht früher sterbe, den Beweis nicht schuldig bleiben will, und nur jeden Widersprecher ersuche, eine cautionem mutianam zu erlegen, erst dann zu lästern.

Es gieng mir indessen, wie es a) Jacobi, b) Amelang, c) Olearius,

---

a) Bibliotheca jur. Lipps Jenich. T. II. p. 185. Leipzig 1757.

b) J. G. Amelang (angekündigte) pragmatische Postgeschichte, in seiner und d) noch jemand ergieng — ich blieb stecken.

Dagegen, als im Frühjahr 1797 gewisse Sachen in Mittel-Italien vorgiengen, und ich so meine Combinationen, mit dem, was seit 1757 in der Postwelt vorgegangen, und von Zeit zu Zeit wiederholt, auch neuerlich zur Sprache gebracht worden und nach dem Ende dieses Krieges vorherzusehen, auch oft vorhergesagt war — anstellte, so entstand in mir der Gedanke, und ward ordentlich ein Drang, für die

---

Untersuchung über das Persische Postwesen pag. 69.73. seq. Lpzg 1774.
c) J. Ch. Olearius, summar. Auszug eines — vollständigen Post-Systems. Wien 1779. pag. 1.
d) J. F. v. Beusts Post-Regal T. I. pag. 193. Jena, 1747. T. II. pag. 877. ib. 1748.

Zeitumstände, über das deutsche Postwesen, etwas zu schreiben; was? — rhapsodische Ideen zur Grundlegung eines Artastanda-Amtes in Deutschland.

Da liegt es nun auf einmal, was mich so drängte, wer Sinn dafür hat, der verstehe es; ich war auch schon ziemlich weit damit gekommen, und ich stehe dem Publiko mit all meiner Anonymität gut, daſs ich es seiner Zeit, wenn's auch kein unmittelbares Interesse mehr hat, gewiſs demselben noch vorlegen werde. Eine gute Sache kann niemal zu spät kommen, und etwas Gutes läſst sich zu jeder Zeit thun. Jetzt aber ist es mir unmöglich, ich habe etwas anderes, nothwendigeres vor mir, nämlich den Plan eben jenes Büchleins, „Grundlegung eines Arta- „standa-Amtes in Deutschland gerade umzukehren. Spotte mir niemand: damals wollte ich 'ein System einer überhaupt vollkommenen, und Deutschland anzupaſsenden Einrichtung und Leitung des deutschen Postwesens, vorlegen, und nebenher, aus den Zeitumständen, Gelegenheit nehmen, meine Ideen zu motiviren: Jetzt aber sind die Zeitumstände so dringend und so entscheidend geworden, daſs sie die Hauptsache dieser Schrift ausmachen, und gelegentlich, nebenher, die Anstalt, WIE SIE IST, erhalten, befestigen, und zur Vollkommenheit und Dauer vorbereiten könnten, wenn sie (die Zeitumstände und Umsteher) wollten. — Ich werde darüber im nächstfolgenden Absatz mich noch näher erklären: Ich muſs jetzt noch weiters schwatzen.

Wenn einmal jenes Werkchen,

welches als Hauptsache zum Gegenstand hat, was gegenwärtig Nebensache ist, erscheinen wird; so wird das Publikum sehen, daſs ich nicht übel unterrichtet und auch vorbereitet war. Was das Gelehrte betrifft, so habe ich bey meinem Nachbar, der die Bücher, wie ich ehemals die Pflanzen, ohne sie zu kennen, aus Liebhaberei, sammelt, und altes und neues hat, hin und wieder, unter recht unschuldigen Vorwanden, damit er nicht merken sollte, daſs ich selbst ein Buch in seine Sammlung liefern werde, vieles profitiret; und wenn der Leser durch diese Art zur Literatur zu kommen, noch keinen günstigen Begriff von meiner Pfiffigkeit bekömmt, so wird er doch einen groſsen von meiner Literatur selbst erhalten, und gewiſs recht vieles — unvermuthet finden.

Diefs alles sage ich von meinem künftigen Werkchen, weil es auch von dem gegenwärtigen Kind meiner Laune (Cosmopolitik) gilt, und ich nur nicht Zeit genug habe, es mit allem Flitterstaat das erstemal austragen zu lafsen. Die Ursache aber, warum ich mich so eile, ist nicht, als hoffte ich, für das Reichs-Postwesen und für das Taxische Haus, denn der Leser wird doch endlich merken, dafs von beiden viel die Rede seyn wird, — eine grofse Wirkung hervorzubringen, und das aufzuhalten oder herbeizuziehen, oder zu ändern, was schädlich oder nützlich ist. Nein! ich bin weder so stolz, noch so schwärmerisch, noch so einseitig patriotisch. Mir ist blofs darum zu thun, dafs die Zeitumstände vorbeistreichen könnten, ohne mehr etwas darüber, wo es noch davon gilt, sagen zu können, daſs mir also die Waare nicht im Laden verdirbt, mit der ich schon lange speculirt habe. Hierbey fällt von selbst auf, wie sehr ich im Raume nur von einigen Seiten meinen Grundsätzen getreu und überhaupt consequent bleibe.

Was die besondere Notizen des **Postwesens** belangt, so bin ich auch auf eine besondere Art dazu gekommen: denn das weiſs wohl jeder, daſs ein simpler Postsekretär so viel nicht innen werden kann. Ich sage meine Quellen aufrichtig:

a) ein **Correspondent** aus Regensburg, dem längeren Aufenthalt der ambulatorischen General-Direction der Kaiserlichen Reichs- und niederländischen ?? Posten,

b) **Plünderung der Papiere**

α) eines bereits **verstorbenen** Fürstlich Taxischen Geheimen-Raths,

β) und eines anderen noch lebenden, welcher den ersten gestürzt hat, und nun den Satrapen (von einem Landsmann selbst gestürzt) spielt;
Von Beyden will ich noch nähere Auskunft geben:

Ad a) bin ich vorzüglich schuldig, den Correspondenten näher zu bestimmen, — wenigstens negative, wer es nicht sey, damit niemand um meinetwillen Unrecht leide; Also es ist — kein Taxischer Diener, es ist ohngefehr der vierte Mann, der es aus dem dritten Mund hört, was der zweite vom ersten weiſs, wenn der erste, (der nicht immer das nämliche Indivium ist) hin und wieder ganz unbefangen etwas sagt. Indessen ist das Kanzley-Geheimniſs beim Fürst Taxis nicht so streng, um allemal durch vier successive Personen etwas inne zu werden.

Was ad b) und zwar *a*) die Plünderung der Papiere betrifft, so geschah dies auf nachfolgende Weise:

Als bezielter Herr Geheimer-Rath starb, ward der ganze Plunder von Papieren Anfangs als res jacens angesehen; in der Folge sollten aber die Erben dennoch die damit vermischte Amts-Papiere Serenissimo zurückstellen. Es war nämlich von jeher der löbliche Gebrauch, daſs man genauere Register über die Weine als über die Acten hält. Wer mit letzten nun am meisten umgehet, bey dem bleiben sie auch liegen, und so sammelten sich, wenn auch nicht Haus-Archive, doch verschiedene Depots vermischter Papiere, und in casu substrato um so mehr, als es wirklich einer der thätigsten und kenntniſsvollsten

Diener war. Bey dem Transport des Nachlaſses, wobey jene Papiere waren, machte sich im Spefsart-Walde eine Kiste los, die mir, da ich gerade des Weges reiste, in die Hände fiel, und — als Postmann willkommen war. An dem Wohnorte gedachter Erben, hatte ich gute Bekanntschaft mit der nachmals in postalibus berühmt gewordenen Kammerjungfer, wodurch ich als involucra manches Blatt abermals zu Hand bekam. Als der Papier-Nachlaſs, wie gesagt, zumal sortirt, und res vitiosa ad dominum zurükgebracht werden sollte, half ich beym Sortiren und verstund meinen Vortheil vielleicht noch besser als der Erbe, welcher doch selbst Postmann war. Vermuthlich entstehen daher die Lacunes in actis, über welche ich manchmal Klagen aus der Taxischen Kanzley, versteht sich, durch die dritte und vierte Hand, hörte.

Ad β) heifst es mala parta, male dilabuntur. Dieser zweitere Geheime-Rath, welcher vorzüglich nicht nur die Papiere aus dem Nachlafs des esteren herbeigeschafft, sondern durch seine Thätigkeit die Kanzley auch bereichert, aber bey seinem Weggehen wieder in etwas leichter gemacht hatte, indem er die Früchte seiner Aussaat auch selbst einheimsen wollte — dieser mufste endlich doch auch dem Schicksal weichen, und wieder, durch die Franzosen getrieben, über den Rhein herüber aus seinem Ruheort flüchten. Bey dieser Flucht gieng es mit den bewufsten Papieren so unglücklich, dafs eine ziemliche Quantität in meine Hände fiel.

Da diese sämmtliche Papiere

schätzbare Notizen enthalten, so werden Sachkundige bald merken, was diese oder jene Stelle, Ausdruck u. s. w. sagen wolle, und warum und wie ich so etwas sagen könne. Da ferner die Quellen bey dergleichen Werken, wie das meinige, die Hauptsachen sind, so hab' ich mich nicht ohne Ursache dabey so umständlich gezeiget.

Nun werde ich mit meinen Lesern wohl, so viel als zur ersten Visite gehört, fertig seyn — aber meine Recensenten: wollen Sie keinen Vergleich eingehen?

Wenn Sie mein Büchlein, wobey ich von meiner Person und Schreiberey ganz ab- und bloſs auf die Sache des Reichs-Postwesens zu sehen bitte, wenn Sie es also recht schimpfen, und aber — dahin bringen, daſs es in allen Kabinetten von Europa, auch dem von

Neuwied und Wallerstein nicht ausgenommen, auf allen Universitäten, wenigstens in Deutschland, ferners in Wetzlar und Wien (qua Reichs-Hofrath) in Regensburg und Rastatt und — Bopfingen gewifs binnen 4 Wochen gelesen wird — so verspreche ich, Sie so, wie die englische Commissaires des Kuxhavener Paquetboots in Bremen, zu tractiren.

Geschrieben 59¾ Hippomen $\frac{\text{Nz W.}\frac{1}{4}\text{W.}}{\text{NNW}\frac{1}{4}\text{N.}}$

Von Anthela Germanorum. 1798. ♌.

A. Ladas *manupropria*

Zu wessen Urkund ich mich eigenhändig unterschrieben, auch mein Amts-Siegel beydrucken lassen habe.

§. 1.

Jam proximus ardet
Ucalegon —
Wirket so lange es Tag ist, denn etc.

Dies ist der Platz, auf welchem ich mich gemäſs dem bey der ersten Visite gethanenen Versprechen, näher über die — Zeichen der Zeit erklären und die Verbindung des gegenwärtigen Zeichens meines guten Willens entziffern will.

Schon die Hauptzüge der Aufschrift dieser Blätter deuten auf Eile und Lärm; und dennoch bin ich in einer doppelten Verlegenheit, selbst mit dieser Eile, zu früh oder zu spät vielmehr und mit dem Lärmen umsonst, durch beides aber um meinen Credit bey dem Publikum zu kommen, welcher mir so nöthig ist; — also — das Gemurmel der Zeit, die frühere einzelne Laute, die verschiedene politische Phänomene, gesetzt das alles (in exemplis non requiritur veritas) träfe pünktlich ein und es — würde nicht nur eine Revolution in der politischen Geographie entstehen; sondern auch die neuste Herrscher-Individuen de novo die Verfassung des Landes revidiren, endlich selbst dort, wo keine Veränderung des Regierungs- oder geographischen Verhältnisses einträte, doch manche Disposition über manche Zweige der Administration getroffen werden — würde in allen diesen Fällen nicht der Bestand der Reichs-Postanstalt auf manche Weise erschüttert, getrennt, geschmälert werden? Mehrere Etablissements, welche auf Reichsboden oder Verträgen gegründet waren, müfsten durch jene Vorgänge cessiren, und dadurch nicht nur diese Plätze, sondern auch die darauf gepflanzte Connexionen mit anderen noch bestehenden Plätzen abgeschnitten und folglich die Course, die Routen, die Combinationen, die Influenzen, die Debouche̊s so gelähmt werden, wie sich eine entzwey geschnittene Muskel-Senne zurückzieht, und zum Empfang, zur Cummunikation und Fortpflanzung aller Eindrücke unbrauchbar ist. — Ich fahre fort noch bestimmter zu reden, was nur jedoch Exempli gratia geschehen könnte.

Z. B.

Wenn nun Preufsen und Hefsen, und wer sonst noch zwischen dem Rhein und Mayn, an der Lahn, Sieg, Lippe, Werra und Fulda, sich einzuschieben und zu transplantiren hat, sich über dem Mayn bis an den Rhein festsetzen, wenn per se das linke Rheinufer abfällt, wenn auch in Schwaben zwischen Rhein, Neker, Donau und Lech, ähnliche Dinge, unter der obenbemerkten Alterirung des politischen Nexus sich begeben —– so sieht es mit der Reichs-Postanstalt, welche nur durch Courszusammenhängungen und Debouchuren gegen das Ausland, besteht, mifslich aus. Mit dem Lokale, mit dem termino moto, sind auch die Connexionen und der Bestand verrücket, wenn (ich will vom linken Rheinufer und der damit verlornen Communikation gegen Frankreich von Sedan bis Lüttich, gegen Niederland, Engelland und Holland, durch Kölln, Brüssel, Mafseyk, Düsseldorf, Münster, u. s. w. nicht einmal sprechen) wenn auch für diese vierfache Correspondenz, NB. gegen Sachsen und Norden, gegen Ost und Süden, durch die gedrohte und zu befürchtende Aenderung, eben wieder Düsseldorf etc. Münster, Baderborn, Hildesheim, Bremen, Frankfurt, Hamburg, und die Linien von diesen Orten bis Frankfurt, u. s. w. abgetrennt werden — wenn auch in Basel, im Frickthal, in Oberschwaben, am Oberlech, in Oberbayern, an der Regnitz, und um wieder ans — Herz zu greifen, zwischen Màyn und Neker und Donau, zwischen dem Neker und dem Bodensee, solche motus geschehen, also

Würzburg, Nürnberg, Regensburg, München, Augsburg, Füfsen, Lindau, Constanz, Freyburg, Offenburg, Cannstatt, in postalischer Hinsicht Gefahr leiden, wenn nicht nur Norden von Süden getrennt, wenn auch West und Nordost, West und Südost gesperrt, und um eine allenfalls übrige Spanne, worauf kaum Gideons Bockfell nafs und trocken werden könnte, ein magischer Kreis gezogen wird, der den Hals zuschnürt, oder durch Drängungen und Hinausweisungen das Reichs-Post-Sistem so unnatürlich gedehnet und zerstückelt wird, dafs es sammt aller Existentia definitiva dennoch sich nicht mehr erhalten kann, sondern Odem, Kräfte, und alles verliert — was ist dann zu thun? Das Kritische des Effekts unter meinem hipothetisirten Wenn's wird noch mehr einleuchten, wenn ich in der Folge eine zweckgemäfse Definition des Postwesens und dessen innerem Weben und Seyn, werde gegeben haben.

§. 2.

Verschüttet nicht das Kindlein sammt dem Baade! —

Es wäre nicht so fast für das Haus Taxis, (um recht unpartheyisch zu reden) sondern um diese Reichs-Anstalt selbst Schade, ja, was ich in der Folge noch erweisen werde, es ist gegen das Interesse Frankreichs, gegen das Interesse des ganzen Südens, die Türken mit eingeschlossen, gegen Spaniens, Dännemarks, Schwedens, und wenns erlaubt ist, zu sagen, auch gegen Englands Interesse, wenn diese Reichsanstalt zu Trümmern gehen sollte, und das wird sie, so bald sie nicht erhalten, ja, was noch mehr ist, so bald sie nicht zu einem viel größeren Grad von Vollkommenheit, Flor, und — Freyheit, durch Zertrümmerung ihrer bisherigen Fesseln, gebracht wird.

§. 3.
Status causae.

Ich, Alexander Ladas, rathe also, und mache, nicht blofs an den National - Oberhof, sondern im Angesicht der cultivirten Welt, besonders aber der dermalen etwas näher aneinander gerathenen Mächte Europens, meine Addrefse, Motion und Petition dahin, dafs man nicht nur die Reichs - Postanstalt in seinem Esse (nicht in jenem schulfüchsischen der Reichsgesetzsprache, worüber ich in der Folge noch ganz etwas besonders zu sagen gedenke, und dem es bisher wie der sogenannten Erblehre, „von der Reichs - Integrität", ergehet, welche wenigst in Reichs ---- Schlüfsen salvirt wird *)) belafsen, sondern sogar zum höchsten Bene Esse mit cosmopolitischer Kraft befördern solle. Das ist der Zweck: die Mittel ---- ? Um die objectiven wäre es mir nicht leid; aber um die Motivirung der subjectiven.

Die objectiven sind: eine gute und bessere Organisation des Reichs-Postwesens,

Die Anlage von Post-Vestungen,

---

*) Magaz. der europ. Staaten - Verhält. Heft. 6. 97. N. 5. p. 713.

Die Anlegung von Communikations-Linien,

Die Quarantje von beiden durch die — Weltbürgerschaft. Doch dies lezte ist schon ein s u b j e c t i v e s Mittel; welche ferner sind:

Die Verwendung des allerhöchsten Hofes bey der Republik Frankreich, als die indirecte Ursache aller jener Revolutionen,

Negociation bey dieser Republik, damit sie durch die Macht ihrer Grofsmuth, durch Schutz und Gewalt theils geschehen lafse, theils befehle, theils guarantire, das, was nöthig, um den besagten Zweck erreichen, und die besagten Mittel existent machen zu können, wobey ich nicht vor der Zeit über die Postvestungen zu lachen bitte, es kömmt schon noch ernsthaft. — Endlich die ——

Determination von Preufsen, Hefsen, und anderen drittern Mächten überm (Mayn) Bach, und eben so von der Schweitz, Cisalpinien und denjenigen Herrscher-Individuen, die zwischen

Wesel, Frankfurt, Cannstatt, Augsburg und am Bodensee, situirt werden.

§. 4.

Status controversiae.

Non de lege lata, ant republica ordinata, sed de lege ferenda et republica ordinanda agitur.

Mir ist es um nichts weniger zu thun, als um einen publicistischen (eher cosmopolitischen) Lorber; Ich will keine Rechtsdeduction für das Haus Oesterreich oder Taxis de regali Postarum imperialium jure et reservato schreiben. Doch darüber enthalten meine Collectaneen derbe Dinge für den Fall, wenn einmal, wie ich obenher sagte, das was jezt Nebensache ist, bey meinem Schreiben Hauptsache werden wird. — Wenn ich einen anderen Zweck hätte, als die zum ewigen Frieden versammelte Nationen, in postalischer und weltbürgerlicher Hinsicht auf ihr eigenes Interesse aufmerksam zu machen, so müſste ich hier allzuviel in ein ennugantes Detail gehen, und zeigen, was bisher darüber öffentlich verhandelt worden ist; dazu kann ja jeder eben so gut den Londorp, Lunig, Meiern, Cortreins, Faber, König, Reuſs, Thucellius, die Kriegs-Kanzley, den Beust, den Moser und den Leonhardi, nachschlagen, oder auch lieber warten, bis das Manuscript des Hrn. von Jacobi ausgelöset wird, wovon Lippen spricht, statt aus 6 Extracten sich von mir den siebenten machen zu laſsen. Auch bin ich nicht gelehrt genug zu so etwas; denn verlorne und geplünderte Papiere geben nur Notizen, nicht künstliche und gelehrte Bearbeitung. Vorzüglich ist mir aber die Basis, worauf, wie ich oft habe sagen hören, das ganze jus publicum germaniae internum und also auch das Reservat der Reichs-Wagenburg und Sattelkammer beruhen soll, viel zu pedantisch; nämlich, Besitz und Herkommen.

Der Effect lehret, daſs diese zwey Dinge schon das Principium destructionis in sich tragen, also, einem etwas gewaltigen Gewalthaber die Decomposition nur gar zu leicht machen.

Ich gehe von einem ganz anderen Gesichts-Punkt aus, wie man schon gemerkt haben, und in der Folge noch mehr merken wird. Es könnte meines Erachtens keine schönere Gelegenheit geben, etwas grosses, weltbürgerliches, zu thun, als der Zeitpunkt, der eine grosse, anfangs mit sich selbst uneinige Nation in ihrem höchsten Glanze zeigt, zur Vermittlerin von Halb-Europa, und zur Freundin einer der bedeutendsten Mächte des Ostens macht. Gemäfs dem lebhaften und engen Verband, in welchem besonders Europa und die nach der geographischen Lage sich entgegen gesetztesten Länder desselben unter sich durch Politik, Wissenschaften, Handel, Cultur, Religion etc. stehen, ist es allen eine grosse Angelegenheit, zu wissen und zu bewirken, mit welcher acceleration, Sicherheit und Richtigkeit diese Communication durch die Correspondenz erhalten und besorgt werde, und werden könne, nämlich durch die verschiedene

C

Postanstalten, worunter wegen dem allseitig sich kreuzenden Transito, die deutsche Reichs-Posten, beinahe die merkwürdigsten und zur Schluſs-Festigkeit und Zweckmäſsigkeit der ganzen Kette die wesentlichsten sind. Wenn ich also aus der Natur dieser Anstalt überhaupt, aus dem Interesse der verschiedenen correspectiven Staaten, und ihrer statisischen und cosmopolitischen Verhältniſsen zeige, daſs und wie die Reichs-Postenanstalt nicht nur im Esse zu erhalten, sondern ad melius esse, ohne Rücksicht des innerlichen Rechtsverhältniſses, sondern bloſs ex jure gentium, derectef und mittels der Cathegorie eines Völkervertrages, durch eine zweckgemäſse in cosmopolitische Vormundschaft und Oberaufsicht zu nehmende Organisation, zu befördern seye, so werde ich nicht nur den Statum Causae und Controversiae bestimmt, sondern auch alle Aufmerksamkeit verdient haben.

§. 5.

Generis, Analysis, Synthesis.

Was sind denn die Reichs-Posten? —

Soll Bounaparte gefragt haben.

Mon General! würde ich geantwortet haben:

Sie werden wohl das Musaeum Florentinum oder irgend eine ähnliche Anstalt besucht haben? Sie werden wohl von dem Experiment gehört haben, ganze Bäume auszureifsen, und umgekehrt wieder einzusetzen? Sie werden doch wohl als Kriegsmann eine Hydrographische Charte, z. B. I. B. Homanns Hydrographia Germaniae auth. Phil. Henr. Zollmann, gesehen haben? Aus diesen drey Dingen, und in der Folge noch aus einem viertem, einem Exemplo domestico, in dero dermaligen Nachbarschaft, wovon Sie mon General, Augenschein nehmen können, will ich Ihnen einen recht prakitschen Begriff des Postwesens (auch des deutschen Postwesens) herleiten. Haben Sie Geduld!

Unter den vortreflichen Präparaten haben Sie gewiſs ein ganzes Sistem der Gefäſse, der Arterien und Venen, oder des Seug - Adersistems gesehen: oder schlagen Sie einmal in I. A. Kulmus anatomischen Tabellen (Amsterdam 1743) die Tabell XVI. XVII. XVIII. (wobey mir der Mann so wohl gefällt, weil der emporgehobene Arm, wie ich mir einbilde — auf die mirabilia Dei deutet) und XXI auf: gerade so ist der Postenlauf! — wie der Kreislauf des Geblüts durch die vielen Canäle, Verzweigungen und Aeste, und deren Anastomosis, und jener der verschiedenen Säfte durch das Seug-Ader-Sistem bereitet und befördert wird, so, die Korrespondenz durch die verschiedenen Routen, durch die darauf instradirte Course, die auf gewiſsen Orten, nach der Berechnung der Zeit, der Distanz, der anderwärtigen Course u. s. w. zusammenstoſsen und die Briefe en masse weiter schicken (weshalb solche — Centralabsätze wahre receptacula chyli sind) oder wieder auf andere Course abtheilen. Was die vielen Verzweigungen, Wurzeln, u. s. w. eines

Baumes betrift, die er unten und oben hat, und welche nur nach seiner Lage oder Stand, zur Hälfte aber und unter der Erde, bald Aeste bald Wurzeln heifsen, so beweiset eben das Experiment, das Sie, mon General, etwas näher nachsehen können,

in I. v. P. Schranks Anfangsgründen der Botanik, München 1785. p. 82. §. 52.

dafs in allen diesen Theilen, welche aus dem Zellen-Gewebe, Holz-Fasern und anderen Gefäfsen

Schrank l. c. §. 31 bis 34.

Netzförmig zusammengesetzt sind, der Nahrungs-Saft bereitet, und herumgetrieben werde, durch einen Mechanismus, welcher jenem der Post-Manipulation, ziemlich ähnlich ist.

Schrank l. c. p. 70. bis 75.

So wie in denen vielen Verzweigungen der Extremitäten eines Baum-Stammes der Nahrungssaft auf- und absteigt, so lauft nach einer, auf die schon bemeldten und in der Folge noch mehr zu detaillirenden Data, — berechneten Manipulation, durch die verschiedentlich ausgebreitete Routen, — die Correspondenz hin und her.

Was die Hydrographie — des Postwesens betrift, so bitte ich Sie, folgende Stellen zu lesen, oder vielmehr sich übersetzen zu lafsen:

> I. G. Gatterer Abrifs der Geographie. Göttingen 1775 pag. 298 bis 300. 350 bis 353.
> Ig. de Lucca Staatskunde von Europa, Wien 1796 pag. 58 bis 71.

So wie ein Bächlein in ein Flüfslein, und diese in Ströme, und diese in Seen und Meere fallen, auf eine ähnliche Art (doch omnis similitudo claudicat) wird die Correspondenz befördert. Wenn der Haupt-Strom aus allen Gegenden durch unendlich viele Verzweigungen der Bäche und Flüsse, Masse genug an sich gezogen hat, so geht er kraftvoll, sicher, unaufhaltbar seinem Ziele zu. So mufs das System der Routen und der darauf berechneten Course, auf den einzelnen kleineren Routen, Brief-Massen an sich ziehen, die immer wieder in andere Flüsse - und Ströme - Routen einfallen (bey solchen Einfällen müfsen die Post-

Coblenze, (Confluentiae) angelegt werden: alsdenn gewinnt das Ganze Kraft.)

Nun, das **augenscheinliche Exempel** in Ihrer Nachbarschaft: — fahren Sie einmal, z. B. während die Gesandtschaften in Formalitäts-Plänkeleien engagiret sind, nach — Carlsruhe: Kurz vor Carlsruhe kommen Sie auf Mühlburg, ein klein Städtchen; von da soll, z. B. ein Postcours über Karlsruhe bis Durlach angelegt, aber auch die Gegend mit der Post versehen werden. Von Mühlburg müssen sogleich seitwärts Extra-Ritte und Paquetschlüße, links und rechts nach **Knielingen**, nach dem **Kühbrunnen** und nach **Beiertheim** gemacht werden; Es wird nothwendig seyn, zuweilen das Mühlburger Paquet nach **Schreck**, in das **Carlsruher** Paquet zu schliefsen, und von dort gerade dahin abreiten zu lafsen, bey welcher Gelegenheit ein Paquet in der **Steinschleiferey** abgegeben wird; diese erhält auch eines in die Fasanery und auf den Enten-Koy, und besorgt dahin den Transport. Carlsruhe schliest selbst Paquete überall hin, und schliefst das Mühlburger - oder anderwärtsher erhaltene Paquet bey, und schickt solche, einmal gera'e nach Durlach, macht aber auch noch andere Speditionen nach der Steinschleiferey über die Brücke und nach Beiertheim über Gottsacker, wohin die Paquete, welche nach Bulach, Scheibenhard, oder Rüppurr, Wolfertsweger gehören, laufen müssen. Carlsruhe ist also ein Hauptabsatz-Ort: Es kann aber auch Mühlburg, wenigst einigemale, gerade nach Beiertheim instradiren — der Nutzen wird sich in der Folge zeigen. Ein Abstofs gerade von der Durlacher Chaussée nach Gottsau ist allerdings nöthig. Vielleicht könnte man auf dem dahin ziehenden Graben ein Paquetboot bey der Brücke errichten; Oft aber mufs in der Postwelt ein Umweg seyn, weil zu vervielfachte Ritte und Absätze das Porto nicht zahlen würden, wo Correspondenzzug oder Influenz - Combinationen fehlen. Man mufs also die Instradirungen auf andere Routen machen, welche nach dem Zug der Correspondenz und auf die Verhältm i f s e, jenen Zug bewirken, schon berechnet und angelegt sind. — Nun könnte man zum Spafs dieses Exempel noch sehr erweitern, und die verschiedene Circulation der Correspondenz zwischen diesen Orten, und wie solche instradirt kann werden, und soll, detailliren. Alles, was von Schreck nach Scheibenhard lautet, gewinnt, wenn es zur rechten Zeit des Abgangs der Post in Carlsruhe nach Bulach kömmt, die Influenz nach Scheibenhard. Man mufs also die Abgänge und Ankunften der Posten in Hauptabsatzarten so reguliren, dafs die Course, v o n anderweiten Haupt - Correspondenz - Orten, n a c h anderen Haupt - Correspondenz - Orten, (welches sich aus den V e r h ä l t n i f s e n w o r a u f sich Correspondenz gründet, ermessen läst) an dem Intermediär -Ort, gemäfs einer solchen Berechnung eintreffen können, welche auf Distanz, Zeit etc. und auf abermalige während jenem Laufe, zu combinirende Influenzen, Rücksicht nehmen mufs, und das — zugleich weiter befördern — bewirket

Das Ding wird schon ernsthafter, nicht wahr, mon General? Nun will ichs aber recht Ernst machen: Ich hoffe, mein Verleger wird Wort halten, und die angegebene Orte auf eine kleine Charte stechen lafsen, damit es Ihnen noch deutlicher wird. — Wenn das nicht mehr geschehen seyn sollte, so lafsen Sie Sich nur auf der Kammer-Registratur in Karlsruhe die aus denen Landvermessungen gesammelte recht schöne Special - Charten in Handzeichnungen, z. B. der Oberämter Karlsruhe, Durlach und Ettlingen vorlegen und zusammenstofsen. Nun — mon General, ändern Sie einmal die Namen, Distanzen, u. s. w. und setzen Sie statt Mühlburg Genua, statt Knieling, Spanien, statt dem Kühbrunn, Schweitz, statt Schreck, London, statt der Steinschleiferey Paris, statt der Fasanary, Niederland, statt Durlach, Stockholm, statt dem Entenkoy Holland, statt der Brücke, Bremen, statt Gottsau, Sachsen, statt dem Gottsacker, Nürnberg, statt Rüppurr Berlin, statt Wolfartsweger, Rufsland, statt

Beiertheim Augsburg, statt Bulach Regensburg, statt Scheibenhard Wien, statt Karlsruh Frankfurt am Main, so hat das Ding eine ganz andere Gestalt, und wird Ihnen, mon General, einen ziemlich genauen Begriff von dem Postwesen geben, nur die Kleinigkeit müfsen Sie übersehen, dafs jene Orte bey der Situation auf meiner Handzeichnung die gerade entgegengesetzten Himmelsgegenden und nicht die accurateste wirkliche geographische Lage (quia non veritas in exemplis requiritur) bekommen haben; denn Stockholm käme nach Ost und Genua nach West zu liegen. Aber das wird nun leicht zu begreifen seyn, warum es besser ist, wenn Mühlburg directe nach Beiertheim seine Correspondenz nach Bulach und Scheibenhardt, jene nach Durlach und Rüppurr aber, nach Karlsruhe instradiret.

Was nun das deutsche Postwesen betrift, so müfste ich, um ganz bestimmte Auskunft zu geben, ihnen die vorzüglichste Routen, Course, Paquetschlüfse, Absatzorte, Influenzen, Com-

binationen, alle, nennen, und das w i e
davon beschreiben; — das geht aber einmal nicht an, besonders da die neuen
Reichs-Vollmachten schon angekommen,
und Sie erwartet worden, sind. Ich will
Ihnen aber, mon General, nur das Charakteristische des deutschen Postwesens
sagen, welches einige Chemische Ver-
wandtschaft mit dem National-Charakter
hat: die deutschen Posten sind —
H a n d l a n g e r! Es gäbe schon Ausdrücke, die feiner, mehr polis, u. s. w.
wären, auch eitler klängen; aber was
nützt das? Also das vorzüglichste der
deutschen Reichs-Posten ist: den allwärts ein-durch-und ausströmenden Zug
der Correspondenz zu besorgen, zu lei-
ten, zu befördern. Das Transito (§. 4
in fine) ist das meiste. Die Lage von
Deutschland, die Lage der übrigen Länder, die in vorzüglichem Correspondenz
nexu und Verkehr, gemäſs jenen Verhältniſsen, aus welchen die Correspondenz vorzüglich entspringt, — gegen-
einander stehen, — diese Situation bewirkt das eigene der Reichs-Postanstalt. Sie sind Staatsmann genug, um sich

hiernach mittels Zusammensetzung einiger Datorum, welche unter die gesetzte Phrasen von Lage der Länder, Nexu der Correspondenz, Verhältnifsen als. Quellen der Correspondenz, Transito, Routen, Coursen, Combinationen, Influenzen, etc. subsumirt werden müfsen, um sich Fälle hiernach vorzustellen, welche den Gang dieser Sache und dessen Hindernifse oder Beförderung, Gefahr oder Gedeihen, Ihnen jetzt schon von selbst andeuten werden; auch werde ich in der Folge noch von selbst näher ins Detail gehen; — Und, um diese Anstalt, um die relative Subsistenz - Mittel gebracht zu werden, dazu ist für das Reich und das Haus Taxis — Gefahr; das Suppositum hiezu hab ich schon §§. 1. 2. und 4. in f. berührt, und ich werde den ganzen Satz, auf die, §. 6. seq. anzuzeigende und §§. 3 et 4 angezeigte Weise zu motiviren suchen; für jetzt aber mufs ich aus dieser bisher praktischen Beschreibung, um eine etwas mehr metaphysische Definition oder axiomata noch vorher ziehen: -

Das Postwesen ist also, man kann sagen, eine Staatsanstalt, zur Beförderung der Verbal- und Real-Bestellungen,

oder die Spedition des öffentlichen Laufs des Correspondenz-Zusammenhangs,

oder die detaillirteste Subsumtion von Zeit und Raum, unter die Cathegorie des allgemeinen Correspondenz-Zusammenhanges;

Es ist also eine solche Einrichtung, gemäfs welcher von allen Haupt- und Neben-Routen die Correspondenz nach dem zusammengesetzten Verhältnifs der Distanzen a) zu den Aufgabs- und Abgabsorten, b) zu den fixirten Influenzen und Combinationen c) und der Geschwindigkeit der Course instradirt, geleitet, transportirt und spedirt werde.

Welche gefällt am besten?

§. 6.

Transitus inoxius scil. rhetoricus.

Ich habe §. 3 in fine, schon überhaupt die Mittel angegeben, wodurch das Vorhaben, ein Artastanda - Amt in Deutschland zu constituiren, existent gemacht werden könnte. Ich habe §. 4 schon berührt, nach welchem Plan ich die nähere Exposition machen würde. Es kömmt nun darauf an, noch ein bestimmteres Schema der gegenwärtigen Denkschrift zu geben, weil ich ein Liebhaber der wolfischen Methode, und der Cathegorie-Tafeln bin.

Nachdem ich nun das Postwesen definirt habe, und §. seq. nur strictim seine Geschichte andeuten werde, will ich alsdann §. 8 vorerst überhaupt die Modalität des Plans (d. h. die Exposition der objectiven Mittel zum Zweck des §. 3 et 4) durch eine allgemeine Darstellung des Systems nach den wesentlichsten Grundzügen und nach seinen äufseren Statsverhältnifsen umgränzen und ausmessen, alsdann §. 9. die Motivirung (§. 3 in f.) in der ersten Abtheilung desselben, durch den ersten Grund aus der Natur und Zweck der Sache, welcher jene Mittel fodert, — das eigentliche Detail und das System der inneren Regie oder die Einrichtung und Leitung nach den inneren Verhältnißsen der Postanstalt darlegen. In der zweyten Abtheilung die Ressorts der regie des Postwesens entwickeln, in der dritten Abtheilung das Interesse und die Politik des Postwesens darstellen.

§. 10 aber meinen Vorschlag applicative auf die Reichs-Verfaſsung zu vertheidigen suchen.

§. 11. Meinen Thesaurum locorum Communium, oder Argumentorum ad hominem, zu deutsch, meinen Post-Barbosa, feilbieten, welcher alles in nuce enthält, was zuvor gesagt worden ist, und nachher noch gesagt werden kann, doch nicht in der besten Ordnung, und Präcision, weil mich ohnehin schon die neuen Reichs-Vollmachten eingeholet haben.

Als Anhang soll noch ein Schalttäfelchen, als resummé, des zum Grund liegenden Canon oder Raisonnements bey der Motivirung meines Vorschlags, und als Tessera eines Post-Ostrazismus, folgen, endlich werde ich §. 12. meine Abschieds-Visite machen.

§. 7.
Factum.

Ich kann meine Art nicht lassen, nichts gerade anfangen und sagen, — sonst wäre ich wohl bald am Ende; aber bey aller Eile nach Hause muſs ich doch dies und jenes nebenher sagen und bemerken, gerade, wie mein Phylax beym Spazierengehen hundertfach hin und her läuft, und von diesem und jenem Geruch noch mitprofitiren will. Indem ich also vd §. praeced. etwas **altes** vom Postwesen sagen soll, fallen mir allerhand Dinge ein, die ich so anektodenweis hier einschalten will, weil ich der guten Ordnung zufolge keinen besseren und keinen schlechteren Platz weiſs. Eine Verstands-Anektode, d. h. ein Remarque, kömmt untenher §. 10. vor, nämlich der Synchronismus der Staatshändel, und, obwohl es untenher erst vorkömmt, so leitet es mich dennoch jetzt schon auf nachfolgende Ideen, daſs ich die Ideen Schlossers, Pfeffels, und Johannes Müllers haben möchte.

Ersterer hat ein unnachahmliches Muster einer populären Geschichtsdarstellung geliefert:

Plan und Fragmente einer Weltgeschichte fürs Frauenzimmer, Basel bey Serini 1780.

Man muſs viel mehr von der Geschichte wissen, als ich weiſs, um die meisterhafte Züge der auswählenden Hand zu erkennen, und doch kömmt mirs so vor. Ueberhaupt wäre er mein Mann, der Schlosser; ich bewundere oft mit wahrem Enthusiasmus seine Ruhe, seine Männlichkeit, seinen Caudeur, unter uns weichlichen Partisans. Also, wenn ich Schlossers Geist hätte, so würde ich nach jenem Muster eine Geschichte des Postwesens doch aus dem Gesichtspunkt schreiben, aus welchem das Benehmen der Stände, gegen die Reichs-Postanstalt in einem beständigen Paralellismus ähnlicher kluger oder unkluger Handlungen der Vorwelt erscheint: denn so was kann Schlosser besonders gut.

Wenn ich Pfeffels Witz hätte, würde ich den nämlichen Gesichtspunct in lauter Fabeln darstellen; das müfste wohl noch — ästhetischer seyn.

Wollte ich aber recht ernsthaft seyn, so wünschte ich mir Johannes Müllers Geist zu einer etheographischen Historie des Instituts; ich wünschte mir seine historische Kunst, mit welcher er die sichersten Mittel, und die Fügsamkeit der Factorum kennt und benützt, um den bezielten Effect durch Darstellungs-Weise, durch Stellung der Factorum nach den Leitideen des Zwecks, zu realisiren.

Wenn ich endlich nicht so gutmüthig wäre, als ich mich bisher gewifs gezeigt habe, so müfste ich noch eine vierte Art von historischen Ton anstimmen, nämlich den der Marokanischen Briefe und ähnlicher Schriften. — wahrhaftig, wenn man einen dritten unpartheyischen Fremden, dem die Balgereyen und das Pedantische der einzelnen deutschen Händel und Einrichtungen weder bekannt wären, noch ihn interessirten — mit einer ganz allgemeinen Darstellung und in einem leichten, mit Ernst tingirten Ton, die Postgeschichte erzählen würde, wie viel lächerlicher müfste sich die Sache gestalten, die als Religions - und Regierungs - Verfassung in benannten Briefen dargestellt worden.

Uebrigens was schon über die Geschichte des Postwesens geschrieben ist, (von Amelang hätte ich vieles erwartet) theilt sich in drey Partheyen; Legulejer, Sistematiker (à la Göttingen) und Pragmatiker: alle drey gehen einseitig und partheyisch zu Werke. Die Basis der Letzteren ertrüge eigentlich das Gebäude der Zweyteren, aber es sollte ein eben so festes als leichtes Gebäude, und darinn ein heiterer (leidenschaftloser) Wirth seyn.

Die Erste Periode fängt ohngefähr 1522 an, und dauert ohngefähr bis 1595. Wer mehr davon wissen will, der lese

Beust vom Postregal, locis congruis, Abhandlung über das Kaiserl. Reservat des Reichs - Post-

/ wesens etc. Deutschland 1790. 8. pag. 25 bis 37.

Jos. Waldbergers rechtlicher Versuch etc. über das Postwesen in Deutschland. Wien 1794. §. 6. bis 14. p. 14—25.
welcher übrigens in seinem ganzen Büchlein keinen Fehler hat, als daſs er, mit der linken Hand wieder nimmt, was er mit der Rechten gab.

* Eine sehr subtile Distinction macht Beust,
 l. c. II Thl. III Absch. §. 4. p. 416.
indem er alle Facta, welche in vim der Kaiserlichen Reichs-Posten, mittels Abstellung des Nebenbothenwerks, zum Favor derselben interpretirt werden könnten, dahin wenden möchte, daſs sie nicht die Reichsständischen Posten im Gegensatz der unordentlichen Nebenbothenwerke beträfen; allein — Ich will hier nur Facta bemerken.

Die zweyte Periode, unter Rudolph II, wo sich das Punctum saliens und die Stamina (Kulmus l. c. Anmerkungen zur XXVI. Tabelle in fine) zum

Embryo fixirten: Hier handelt es sich nicht **gegen** das Reichs-Institut, und gegen das Recht, sondern gegen die befürchtete Spanische Servitut, welches also virtualiter die Cathegorie eines Reichs-Instituts bestättiget, so wie es sich in der ersten Periode nur um die **Bezahlungen** handelte.

Moser, deutsches Staatsrecht. P. V. Lib. 2. l. 78. §. VI etc. und 23 bis 29.

Beust l. c. II Thl. II Absch. §. 25. p. 114.

— — III A. §. 2. p. 391.
— — — IV A. §. 3. p. 600 s.

Häberlin Fortsetzung des Buderschen Repertorii IV Band §. 5. p. 186. bis 1600, und darüber war es Theils Indolenz und Débonnaireté, daſs sie diese Anstalt Wurzel faſsen lieſsen, vielleicht auch ruhigerer Patriotismus als heut zu Tage.

Mit der **dritten** Periode bis 1650. und 60. und bey dem niedersächsischen Creis-Convent war und blieb es sistematisches, planmäſsiges Oppositionswerk der Nordischen Quadruppel-Allianz der

Postantipoden — daſs sie die Wurzeln wieder abgruben.

Andere indirecte Springfedern, werde ich noch §. 10. N. 3. 4. 8. in medio 10. 19. anführen. In der dritten Periode also ward das Postwesen, wie es sich gebührt, unter Kämpfen, Leiden und Thun — Mann!

Moser l. c. S. 39 — 51.

Viertens tratten anno 1648 die westphälischen Friedens - Executions-Handlungen ein, wobey das argument geltend gemacht werden kann:

l. 195. π. de reg. Jur.

Ergo omissa incompetenter petuntur, und ad incogitata non datur argumentum, sed contra eum, qui claruis loqui debuisset, quia vigilantibus (et loquentibus) Jura sunt scripta.

Es scheint factisch, aus den Reichs-Gutachten und Schlüſsen:

von 1570. 1597. 1636. 1641. 1650. (d. 26. Sept.) und sonstigen Aeusserungen,

Vertheidigung der im Ungrund etc. aufgestellten und in den Anmerkungen etc. bestrittenen Grundsätzen. Wien 1760. p. 12. 13.

Moser. l. c. S. 46. p. VI. p. 90.
hervorzugehen, dafs bey allem Bothen-
werck das Charakteristische des Bothen-
wesens (dispositi auf den routen (per
Stationes) equi — und die Influenzen,
durch Combinationen der Course) weg-
bleiben, dafs sich die privati mit ihren
weitern Connexionen, also, an die Reichs-
Posten anhängen sollen, quia nec jus
prohibendi, nec excludendi determina-
tum fuit; — So wie überhaupt anno
1658 um 100 Jahr. post festum prote-
stirt ward,

Moser l. c. S. 95.
so fand doch der Churfürst von Brandenburg noch einige Jahre zuvor (Cle-
ve d. 2 Febr. 1647) das Reichs-Postwesen viel nützlicher.

Vertheidigung l. c. p. 51.
et 234.

Fünftens bemerke ich nur, dafs
anfangs Churfürst, August von Sachsen
im 16. Saeculo unter Kaiser Max II.,
in der Folge Bayern, und öfters, Wür-
temberg, Inhibitionen bekamen,

Moser, l. c. §. 180 et pag. 184.
219. seq.

Carpzovius Tract. de regal. 1.3. dafs aber analogisch zu rechnen, das Paarische Postwesen eigentlich die tödlichste Wunde dem Kaiserlichen-Reichs-Postamt beybrachte.

§. 8.

Tractaten.

I.) Es soll durch einen perennirenden Reichs-Schlufs die Organisation und Constitution der Reichs - Artastanda (Existentia et modus ejus) festgesetzt und dahin erklärt werden,

a) dafs diese obwohl bleibende Auswahl, dennoch durch Wahl und aus Auftrag der Nation an ihre einzelne Vorstände (durch die Stufenleiter bis dahin, und als Consequenz der General-Vollmacht cum libera) mithin nach dem Repraesentativ - Sistem geschehen sey.

b) dafs, um mit der Ordnung, auch Gerechtigkeit zu vereinbaren, sowohl die wirkliche Postbeamte. als das Haus Taxis hiemit zu diesem Reichs-Erzamt, angestellt würden.

c) daſs der Reichstag im Verhältniſs zu der Reichs-Postanstalt, ohngefähr wie der Lehenherr stehen, mithin das Reservat aufhören soll,

d) daſs Letzteres das Haus Taxis also das Directorium und die Nutzung dieser öffentlichen Anstalt haben, die subalternen Vorstände aber in den verschiedenen Post-Sprengeln als Central-Administrationen angesehen seyen.

e) Es sollen auch Mittel-Commissairs vom Directorio ernennt werden, welche, wie die missi domi nici, Carls M. beständig und abwechselnd herumreisen, und die Sprengel visitiren:

f) Eben so sollen durch wechselseitige Bothschaften zwischen dem Reichs-Rath und dem, in Hinsicht des Schutzes und Schirms dieses einzelnen Administrationszweiges, der Reichs-Regierung, zwar subalternen Directorio, der Reichs-Postanstalt, das Vernehmen und Verhältniſs zwischen beiden unterhalten, alles dieses aber durch eine besondere gesetzliche Instruction bestimmt werden.

Zufolge dieser Organisation hat der

Reichs - Rath, durch seine Committenten, und nach unter sich getroffenem ordentlichem Abschlufs, beauftraget, die Befugnifs, durch seine Bothschaften sich über das Externum der Reichs-Postanstalt, abstrahendo von allem interno der Manipulation und Oekonomie, zu erkundigen, allenfalls besonders zu Kriegszeiten oder bey wichtigen Staats- und Handels-Sachen, sich zu berathen, damit er doch durch *artis peritos* informirt, nur Sach- und Zweckgemäfse, und nicht widrige Beschlüfse nehme, und nur solche, allenfallsige Vorkehrungen treffe.

9) Es soll aber im Reichs-Rath eigentlich nur das Chur - Collegium an dieser Sache Theil nehmen, und hierdurch soll Kaiser und Reich sich eine allgemeine Inspection vorbehalten, aber dem Reichs-Erz-Postamt

Beust. l. c. II. Thl. VI. Absch. §. 5. p. 958.

gewifse, der Vollkommenheit und Natur desselben eigene und zweckgemäfse, Freyheiten, Privilegien, Immunitäten, belafsen, geben, — schützen.

II) Durch diese Modalität würde gewiſs mehr Betrieb, Wirksamkeit und Ordnung erzielt werden, alsſ durch den Vorschlag, es der Curae circulorum aufzutragen.

Hennegis Meditat. ad J. P. o᛫ T. II. art. IX. §. 1. p. 1335 — 1337.

Moser St. R. p. V. L. 2. C. 78. §. 124. p. 181. 182.

Allein ich gehe noch weiters; —. Dieses innere Staatsverhältniſs läſst sich wieder abtheilen in das legislative und exemtive.

a) das legislative sollte dahin bestimmt werden, daſs die Stände den Kaiser, ein R e i c h s - Universal-Erz - Postamt, illorum nomine oder vielmehr als Gesammtlehen constituiren lassen.

Sachsen, Heſsen, Preuſsen, Hannover, Braunschweig, da sie sich im starken Besitz befinden, sollen aber ihr L a n d - Post - Regal behalten. Es soll keines dem anderen Eintrag thun, und zwar soll dieser Rechtssatz nicht durch linke Handlungen durchlöchert, oder unterminirt, daher auch ein

Reichs-Post-Fiscus aufgestellt werden, welcher die finium regundorum, Curam hätte.

An die Reichs-Postanstalt aber soll das Anhängen der privatorum, denen eigene Postwerke ohnehin untersagt sind, vollkommen, und auch ersterer eine illimitirte Collection und Distribution der Correspondenz erlaubt, und ein Transitus innoxius und jus aperturae allwärts gegeben werden; besonders soll jene Correspondenz dahin gezogen werden, welche sich, so, wie die Anstalt, auf das Transito und die Influenzen und Combinationen mehrerer Länder — Districte und auf den Zusammenhang und den Zug des Commerzes bezieht.

Innerhalb ihren Reichs-Landen (quoad intra terminos cuiusque territorii subsistunt) ohne alle Extensionen und Combinationen, in alieno territorio, Vertheidigung etc. l. c. p. 251. sollen sie zu den Regierungsgeschäften ihre Kanzley und Hofbothen immer behalten, auch das jus monendi, cavendi, und meinetwegen compostandi haben, aber nur intra limites territorii, hingegen die Universalität, die Connexion, der Zusammenhang mit Europa, gehört zu dem Reichs-Postwesen, dem zu diesem Behuf alle zweckgemäfse Assistenz geleistet werden soll; denn etwas anderes sind Landesgeschäfte, etwas anderes Reichs- und ü b e r das Land herein - durch - und hinaus gehende Geschäfte, welche Politik, Krieg, Handel und Litteratur betreffen. Was die Reichs-Stände zu moniren haben, das sollen sie an die Reichsdeputation schicken, welche an das Reichs-Erz-Postamt seine Bothschaft darüber machen, und (I. f.) so wie sie, die Desideria des Letzteren in den territoriis zu realisiren constituirt ist, desfalls also auch von den territoriis die nöthige Aufklärung oder Vorkehrungen verlangen wird. Diese delicate Parthie des Geschäfts mufs in der besagten Instruction bestimmt werden; denn von mir wird man doch nicht alles auf einmal verlangen; ich habe jetzt mehreres zu thun.

b) Das executive soll ohngefehr folgendermafsen organisirt werden.

Die membra des Directorii sollen, allenfalls, in besondere Reichs-Pflichten genommen werden; Es soll für sie, nebst dem Auftrag, ihre Collegial-Verfassung unter sich zu reguliren (besser als bisher) auch eine besondere Dienst-Instruction gemacht, und darinn Grundsätze vorgeschrieben werden, wie sie des Reichs Bestes in Hinsicht der Staats- und Handels-Correspondenz in Kriegs- und Friedenszeiten zu besorgen, und wie sie eine Pflanzschule für Postbeamten (statt der Expectantisten-Steppen) anlegen und cultiviren sollen:

Wie sie sich in ihren Desideriis, welche zur Vervollkommnung des Instituts zielen, mit der Reichs-Deputation zu benehmen; wie sie die Regie selbst, in Externo, nach dem neuen Reichsgesetz de cursu Publico, durch alle Staats- und Technische Verhältnisse zu administriren haben:

Bey Ihnen, unter Assistenz der Reichs-Deputation zur Gehabung soll ein vorzügliches Depot der concernirenden Notizen angelegt, und für einen Vorrath der besten special und topographischen Charten, für eine Sammlung von Beobachtungen über den Zug der

Correspondenz, des Handels, u. s. w., endlich derjenigen Notizen gesorgt werden, welche, zu Begründung, Erweiterung, Erhaltung, zur Zusammenhängung der Course, Influenz- und Combination, kurz zur Cultur dieser Reichs-Anstalt nöthig sind, und welche den Status der Production, der Fabriken, der Handelsetablissements und Verträge, der Staatsverhältnisse der wichtigsten Mächte, mit denen Communikation zu pflegen ist, die Verfassung anderweiter Postanstalten, die Strassen-Beschaffenheit und Strassen-Gelegenheit, besonders der deutschen Länder, u. s. w. betreffen.

Dadurch würde das **allgemeine Beste** befördert; das Mittel dazu ist die Modalität der vorgeschlagenen Organisation: dadurch wird Ordnung, Rettung, Erhaltung, und Schutz dessen erhalten, was ein so nöthiges Mittel zu dem **nöthigsten Zweck** ist.

Ich weiſs, daſs beide Theile, nach dem bisherigen Statu der Sache verlieren, also ist ein Datum und Retentum, also Vergleich, vorhanden: doch davon kömmt anderswo noch Etwas vor.

Hierdurch allein, dächt ich, kann bey der Crisis der Umstände Tabula ex naufragio gerettet werden; das vorgeschlagene Temperament könnte vielleicht noch helfen; die Stände verlieren Prätensionen, einige Concourrenz, und das Jus — fortioris. Die Reichs - Postanstalt jura und bona, wenn sie sich nicht noch durch jene neue Organisation **Vertragsmäſsig** erhält, so — etc.

Ich will nicht groſssprechen, aber dixi quod dixi : diese Erklärung soll mich salviren, Dank werde ich ohnehin nirgend woher erhalten; allein das muſs ich noch sagen : wenn denn die deutschen Länder nach ihrer Convenienz regiert werden wollen, so sollen sie ihre Autonomie bey dem Postwesen nur darinn zeigen, daſs sie mittels Zusammentritt des Reichs - Postamts oder durch das Organon der Reichs - Erz - Postamtsdeputation, das Convenienz der Routen und Course, hinsichtlich der Anpassung an die weiteste points de vüe, anzeigen, bestimmen, und vollziehen, nicht hindern helfen.

§. 9.

Notivirung.

Mein erster Vorschlag war also, (§. 2.) die Reichs - Postanstalt bey der geschilderten Gefahr (§. 1.) zu schützen und zu befördern, und zwar ihr äusserliches Verhältniſs so zu organisiren, wie §vus praecedens dargiebt, wozu ich schon §. 4. Capsationem benevolentiae versuchet habe.

Nun kömmt es darauf an, diesen Vorschlag nach der §. 4 et 6 angegebenen Art, und durch die §. 3 vorgeschlagene Mittel zu rechtfertigen und zu motiviren:

A) weil der allgemeine Zweck, und die Natur jeden Postwesens durch die Reichs - Postanstalt vollkommener und sicherer erreicht werden kann, wenn diese ihrer originairen Bestimmung und einer höheren Vollkommenheit näher gebracht wird, und weil alles andere dem Zweck und der Natur der Anstalt in ihrer Vollkommenheit, entgegenstreitet;

B) weil das Interesse der Staaten, und die besondere Politik des Instituts solches erfodert.

Was anfangs Vorschlag war, wird, hoffe ich, nach dieser Exposition, Beweis der Nothwendigkeit werden, daſs diese Mittel anzuwenden, folglich diese Anstalt zu erhalten und zu befördern sey.

Der zweck des Postwesens ist nach meiner Definition, §. 5. die geschwindeste, richtigste und wohlfeilste Beförderung der Correspondenz: Die Natur des Postwesens, welches jenen Zweck erreichen soll, wird die Mittel von selbst bestimmen, wenn das System der innern Regie desselben, nur etwas näher auseinandergesetzt wird.

I.) Exposition des Systems der innern Regie des Postwesens.

Post-Systeme haben im Groſsen oder Kleinen, mit mehr oder weniger Umfang geschrieben, L a m p r e c h t , Z i n k e n, J u s t i, B e r g u i s, O l e a r i u s, B e u s t , H e c h t ; — J a c o b i und ich aber, (meinen Post-Flavius) in Herbis.

Von einer P o s t w i s s e n s c h a f t einen Grundriſs S. Z i n k e n s Anfangsgründe der Cameralwissenschaften Leipzig 1755. II Th. 1 Abthl. §. 425. seq.

a) Das erste Stück eines Post - Systems ist die innere Oekonomie und Manipulation der Collection, Distribution und Spedition der Korrespondenz. Dies gehört aber mit seinem ganzen Mechanismus so wenig zu meinem Zweck, als überhaupt ein genaues Detail der inneren Regie des Postwesens, da ich hier nur diejenige Parthien des Systems marquiren muſs, welche das vorhergesagte und das noch zu sagende etwas mehr begreiflich machen. Ich will also nur berühren, wo einiges mehreres davon zu finden ist, nämlich:

Berguis Cameral und Polizey Magazin, Wien 1788 VII. Band, pag. 231. 236.

J. Hecht Einleitung zum Postrecht, worinn der Post-Stand etc. Preſsburg 1749. p. 11. 28.

J. C. Olearius allgemein nützliche Postnachrichten, Wien 1779, 4 Thle. 8. besonders 2ter Theil.

L. Hörningky de regali postarum Jure, Frankfurt am Main. 1663 passim.

Beust, Postregal 3 Thl. Jena 1748, besonders 2ter und 3ter Theil.

b) Die Geschwindigkeit des Transports ist das punctum saliens; es bewirkt sich durch das Charakteristische der Anstalt, — die Relagirung (dispositi equi) auf gewifsen Mahlstätten, durch Postwärter: zum ferneren Behuf sind die a) Stundenpäfse, welche mit jedem Felleisen laufen, eingeführt, und sie enthalten diejenige Data, aus denen die Erfüllung der Vorschriften beurtheilt werden kann: nämlich des Orts, des Jahres, Tags, Stunde, des Abgangs, eben so den locum ad quem, die Stationen, von einem Haupt + Paquetschlufs (oder Absatzort — anastomoses der Influenzen) zum anderen, die Distanzen dieser Stationen, die anberaumte, zugebrachte, versäumte Rittzeit, in so vielen Columnen, endlich für jede Station die Zahl der dahin gehörigen Paquete, und die Paquete des Felleisens überhaupts, die sich also vermehrt und vermindert, so wie die Unterwegs-Paqueter auf der Route zwischen dem Locus a quo und ad quem eines Hauptcours-Felleisens, weggenommen oder neue hinzugethan, und beides in toto und partibus sorgfältig bemerkt, eben so auch bey jeder Nation die Zeit der Ankunft und des Abgangs notiret, und der Name des spedirenden Postbeamten, und Felleisenreiters unterzeichnet werden muſs.

Zink. l. c. p. 529.

b) Gute Pferde, gute Straſsen
Zink l. c. §. 428.

c) Tüchtige Jungens, *) accurate und höfliche Postbeamte, vom Director bis auf den Briefträger, d) richtige Schalterzeit, (wegen Kultivirung der Aufgab) und Beseitigung e) alles Aufenthalts des Postlaufes,

Zink l. c. §. 429.

besonders durch Gewaltthätigkeiten und durch Ueberfrachtung der Felleisen, (hier meine ich die ungeheuren Paquete, die ex officio aufgedrungen werden) oder die Zurückhaltung der Post, (hier meine ich, daſs die Minister noch nicht gegessen etc. haben) alles dies sind sofort die wesentlichen Bedingun-

---

*) Taschenbuch für Freunde des Scherzes und der Satyre, v. J. D. Falk. Lpzg. 1798. p. 75

gen zur Geschwindigkeit des Transports, vorzüglich aber b) eine genaue und strenge Revision der Stundenpässe, um auf der Stelle Fehler und Unordnungen zu entdecken, zu ahnden und abzustellen.

G. E. Lamprecht, Versuch eines Systems der Staatslehre etc. I. Band. Berlin 1784. l. c. §. 1589. seq.

Die ferneren Attribute des Postwesens sind:

1) Die Richtigkeit der Correspondenz-Spedition.

Lamprecht l. c. §. 1590.

Bergius l c. p. 215. 219 bis 222. §. 13.

Man wird ohne mein Erinnern schon bemerkt haben, dafs die Fassung jener Stundenpäfse auch darauf vorzüglich gerichtet sey; das übrige, bitte ich, bey Zink, Lamprecht und Berguis nachzulesen; nur auf das Recurmendationsbuch und die Abgabs-Vorsichten will ich aufmerksam machen.

Ersteres in Form eines Protokolls enthält alle, des Tages abgehende Course, Paquete und einzelne recommandirte Briefe, und ist, ohngefehr wie die Handelsbücher, eine Beweisurkunde. Bey dem zweiten ist nach den Umständen minder und mehr nöthig.

Hieher gehört auch noch **praecision** der Bestellungen, der Abgaben und Aufgaben;

Berguis l. c.

2) Die **Gewährleistung**: Diese fasst den Ersatz verlorner Beschwerten, die Quaestionirung und Untersuchung verlorner oder fehlspedirter Recommendationsbriefe, das Postgeheimniſs,

S. das **Präludium**, was mir passirte;

die Behandlung der Retour (nicht anzubringenden) und restanten Briefe, und die Amtssiegelung der aus Zufall verletzten Briefe, in sich. Darüber existiren bereits mehrere juridische Abhandlungen; das nähere gehört Theils in das Privat-Post-Recht, Theils in den Unterricht über den Mechanismus der Spedition.

Ich bemerke hier nur, daſs man gar zu oft das Unmögliche verlangt, aus Unkunde des Mechanismus. Was thun denn desfalls die Sächsische, Hessensche, Preussische, Hannöversche, Oesterreichische Posten ; ich habe oft erbauliche Dinge gehört: Aber die haben eher **Macht**, die Leute — schreyen zu lassen: Indessen ist eben diese Unart des Publikums die Quelle des unverdienten Mifscredits, und nicht culpa oder Indolenz des Post-Directoriums: die Leute sind zu unvorsichtig, zu indolent, zu unbehilflich, um einzelne Klagen in einzelnen Fällen zu verfolgen, sie schreyen und lärmen lieber tapfer darauf los, weil dies bequemer ist; — Ists aber nicht ungerecht? und doch habe ich hundertmal solche Fälle erlebt, und vieles darüber selbst in meinem Quiescentenstand disputiret.

Ich empfehle in **dieser Hinsicht** die Schrift:

Abhandlung über das Kaiserl. Reservat des Reichs - Postwesens. Deutschland 1790. p. 175 bis ans Ende.

3) **Wohlfeilheit der Correspondenz** — die interessanteste Seite derselben! Die ganze Oekonomie von Europa (ich habe zwar weder in London noch

Stockholm, noch Petersburg, noch Madrid, noch Neapel, noch Constantinopel, noch Kasan binnen 100 Jahren zweimal zu Mittag gegessen, um es gründlich beurtheilen zu können) aber ich rechne doch, daſs in Europa die Oekonomie um $\frac{2}{3}$ gestiegen sey, und dennoch blieben noch die alten, nach und nach, historisch, (routenweis) entstandene Taxen: diese machen keine immoderata onera, sondern der Mangel an Disciplin bey den Postbeamten, und die indiscrete Unart des Publikums, wovon ich vorher sprach.

4) Was die Reclamationen verlorner oder fehlspedirter Briefe und Beschwerten belangt, so gehört der Mechanismus der Quaestionirung nicht so fast hieher, als nachfolgender Grundsatz:

a) Officielle Verhandlung z. B. wie bey Polizey - und Regierungs - Sachen, in dergleichen Departements, ist der Lage und dem Verhältniſs einer Postsache weit angemeſsener, als der Civil-Proceſsgang; Letzterer könnte allenfalls gebahnten Weg nach Herstellung des Facti, durch das officium nobile des Post-Instituts, gegen die gewöhnliche Pflicht des Civil-Prozeſses (doch weiſs ich nicht, ob etwa Menochins wohlbeleibten Andenkens, de arbitrariis Judicum quaestionibus keinen besseren Vorschlag enthält) durch ersteres erhalten; man muſs wenigst die Post, erste Instanz seyn laſsen.

β) Dies erhellt als **nothwendig** (die officielle Verhandlung) aus dem Manipulations-System der Posten; denn diese

aa) tretten überhaupt salvo regressu zum Ersatz ein, ein sehr groſsmüthiges Principium!

bb) und können weit sicherer als die Partheyen auf die, der **inneren Einrichtung** (dem Mechanismus) angeeignete Art, und durch ihnen eigene Untersuchungsressorts, das Factum herstellen, **vor** welchem Stand der Sache umsonst die Verfaſsung eines fremdartigen Instituts, in die Schranken einer gerichtlichen Klage, wie in das Bett Prokrustes, *) gezwänget wird.

5) Der Canon des Postwesens ist — Zusammenhang und Combination, Confluenz der Briefe in die Anastomoses der Course, Absatz-Orte, und Transitus innoxius.

Lamprecht l. c. §. 1593.
Zink, l. c. §. 452 bis 459. p. 528 bis 530.
Bergius, l. c. §. 11. p. 215. 217. 228. 229.

daher ist es vorzüglich gut, daſs die Postanstalt in einem groſsen District, Eine sey: Jene Hauptbedingungen, als Mittel zu einer vollkommenen Postenanstalt und zu derselben eigenthümlichen — höheren Verhältniſsen untergeordneten Zweck, — sind ohne diese Einheit unerreichbar.

Wahrhaftig quot Capita tot Sensus: Fremde particular-Post-Anstalten sind nicht zu zwingen: der Spielraum, durch einen District wie Deutschland, für eine Anstalt, ist eben so nothwendig, als die Be-

---

* Plut. Thes. I. Diod. 1. 4. et Ovid. met. 7. 458.

gränzung, keine zu grofse Area zu wählen, höchstens einzelne Linien und Puncte darüber hinaus: Ich wünsche nicht, dafs man das traurige Experiment mache, und sich einmal ein halb Iahrhundert die Briefe erbrechen, verspäten, herumführen, vertheuern und am Ende gar stocken lafse, und dann doch wieder zu einer Entreprise zurückgreiffe, die das Haus Taxis alsdann nicht mehr unternehmen kann, welches dennoch jetzt mit einem brandmarkenden Undank hinausgedrückt werden will. O wann werden die Menschen einmal billig, um klug, und klug um billig, zu seyn? Das, was alle Theoretiker für einen Staat kalkuliren, und eingestehen, das ist, aus höheren Gesichtspuncten betrachtet, nicht für einzelne deutsche Staaten, sondern für Deutschland wahr, anwendbar, zweckgemäfs.

Was verblendet euch denn, die Anwendung nur auf das erste, und nicht auf das ganze zu machen? — Alles Sträuben in diesem Punkte ist nur Hinderung des boni Communis maximi,

6) Inchartirung ist, durchgängig, nicht möglich; inchartire man ein-

mal eine welsche oder Niederländer, d. h. englische Post; auch haben es die Kaufleute nicht gern: Die Accaleration würde allzusehr leiden, und die Manipulation dennoch auf Fälle stofsen, wo sie den Brief selbst nicht mehr herbeyschaffen kann.

7) Was das Personale betrift, so mufs man ihm zum Behuf des Dienstes Privilegien und Immunitäten geben; Es sollte übrigens eine eigene Pflanzschule angelegt, und ein ordentlicher Post-Cursus (Studien-Plan) vorgeschrieben, und nicht mit indiscreten Empfehlungen die Masse immer mehr verdorben, auch gut besoldet werden, besonders die Expeditoren der fahrenden Posten.

8) Eine gewifse, guarantirte Unabhängigkeit gehört ganz eigentlich für diese Anstalt, beynahe so gut wie für die höchste Reichs-Gerichte; Sapienti sat pauca! Wer kann übrigens, was die Disciplin betrift, verbürge und dadurch Hinterhalt findende Afficialen bey der Difficultät des Beweises, und bey der Schnelligkeit, welche die Art des Geschäfts zu einer Zweck-erreichenden Un-

tersuchung fodert, packen, — wer kann in zehen Distrikten, gleiche Gerechtigkeit und Grundsätze hoffen? Redundirt es am Ende nicht auf den Dienst des Publikums, wenn die Disciplin aus juristischen Grillen, so sehr difficultirt wird?

Wie fern von der Hand sind die usurpativen Brief - Collectionen, Haudereyen, Bothen, — und wenn erst vollends alle Assistenz erschwert und entzogen, alle Wirksamkeit gesperret wird? In den Provinzen selbst sind alle Einschränkungen zum Besten des Postwesens vorgekehret; warum für die Reichs-Posten nicht?

9) Uebrigens gehören zum Postwesen: Topographien, Charten aller Arten, Statistik, Strafsen (Brücken, Wege, Zoll, Geleit) Notizen über alle Course und Combinationen mit auswärtigen und unter sich, Visitationen etc.

Ich wiederhole es hier, es kann nicht mein nächster Zweck seyn, ein detaillirtes System des Postwesens in Hinsicht der innern Regie, der Manipulation, hier zu liefern, sondern nur solches zu dem Ende strictim darzustellen, um mich in den nachfolgenden Bemerkungen darauf von selbst beziehen zu können. Das Detail findet man, wenn man es noch nicht wissen, d. h. niemals gelesen haben sollte, ziemlich zweckgemäſs in den allegirten Schriftstellern, und ich bitte wirklich, es nachzusehen: ärgerlich ward aber meine Erwartung betrogen, durch:

J. Chr. W. v. Stecks Abmäſsigungen, Halle 1787. N. IV. über die wohlthätige Wirkungen der deutschen Postanstalt, p. 41. seq.

denn ich habe die Tage meines Lebens keine bequemer geschriebene, und Sachleere, aber declamationvollere Rhapsodie gesehen.

Was meine Bequemlichkeit bey diesem Artikel meines Büchleins, Exposition der Regie, betrift, indem ich gleichfalls nur Remissive davon sprach, so denk' ich nicht, den nämlichen Vorwurf zu verdienen; denn es war hier mein nächster Zweck nicht; ich wollte auch nicht leicht etwas doppelt drucken laſsen. Was das mehrer und besser wissen belangt, so werde ich seiner Zeit meinen Mann, einen Postflavius, stellen: So viel ich aber auch vom Mechanismus noch ferners zu sagen, und so viel practische Erinnerungen ich aus meiner Dienstpraxis jenen bloſsen Theoretikern beyzusetzen wüſste, so war dennoch his hic non locus, Und jene Allegata reichen dennoch, so wie diese Uebersicht, dazu hin, um bey einigem Nachdenken die nachfolgende Bemerkungen mit mehr Eindruck und Klarheit zu faſsen. Und nur so viel als zum motiviren des Vorschlags und der mehrern, zur Erläuterung dieses Vorschlags gemachten, Bemerkungen, vom Detail der inneren Regie des Postwesens nöthig ist, war hier zweckgemäſs, und das ist gegeben worden.

Es lieſse sich zwar auch noch mehrers zweckgemäſs sagen; aber ich muſs eilen, auf – Rastatt zu kommen.

II.) *Exposition der Reſsorts der Postregie.*

Aus der vorstehenden Skitze des Systems der Regie überhaupt und aus §.

F

§, erhellet, daſs die Natur des Postwesens auf Ausbreitung, Zusammenhang, Freyheit, Sicherheit — Leichtigkeit beruhe. Diesem entgegen, stehet aber Beschränkung, Lähmung, Unterbrechung. Es ist also, Universalität die Natur des Postwesens auf einer groſsen Area: Wenn ferners der Zweck des Postwesens (§. 5. et 9. in introitu) erhalten werden soll; so müſsen auch die Mittel angewendet, existent gemacht, realisirt werden, welche dieser Universal-Natur angemeſsen sind, folglich jene, welche Ausbreitung und Zusammenhang befördern, und Einschränkung und Unterbrechung beseitigen;

Dazu gehören nun evident, nebst der Organisation des Ganzen, dessen Cultur dem Directorio zu überlaſsen ist,

A) Postvestungen und B) Communicationslinien.

Bergius, l. c. p. 228. 229.
Zink, l. c. p. 530.

Indem ich mich auf das Exempel des §. 5. und auf das Detail der innern Regie (§. 9. I.) beziehe, wird die Erklärung dieser sonderbar klingenden Ausdrücke ganz natürlich werden.

Was die Anastomoses im Gefäſssystem, was ähnliche Anmündungen bey den Abtheilungen der verschiedenen Verzweigungen eines Baumes, was die Einfälle bey den Flüſsen eines in den anderen, das sind gewiſse Absatzorte (Entrepots) im Postlauf, d. h., solche Speditions-Orte, wo nach den Berechnungen und Instradirungen (von welchen ich §. 5. in fine und hoc §. 9. N. I. Litt. b. n. 5. gesprochen habe) mehrerley in die nämliche Abgabs-Gegend oder Orte lautende Correspondenz-Massen, zusammentreffen, oder wo solche nach ihrem Zweck wieder abgetheilt und auf weitere Course instradirt werden sollen: das heiſse ich Post — Vestungen: d. h. der Reichs-Postanstalt müſsen nach ihrem Bedürfniſs mehrere solche Plätze zur Direction des Postlaufes, zur Combination der Course, welche auf verschiedenen Routen (denn nicht jede Route trägt einen Cours, sondern dieses ist der Zug eines zusammengesetzten Correspondenzlaufes, welcher alsdann à potives eines Absatzoder Abgabs-Ortes etc. den Namen erhält) influiren, — quasi eingeräumt und derselben erlaubt werden, daselbst solche Haupt- und Centralbureaux zu etabliren, welche die besagte Manipulation besorgen.

Der Transport wäre gar nicht zu prästiren, wenn man nicht, Theils mehrere kleine Briefmalsen, auf eine Route einleiten, und alsdann erst auf einen Ort zusammstofsen, und daselbst wieder weiters fortschicken, abtheilen etc. würde, Theils auf solchen Entrepots die dazu gehörige Manipulation etabliren dürfte. Man muſs also, die Gelegenheit dazu existire und treffe nur da oder dort, dieses Etablissement der Reichs- Postanstalt gestatten, und die combinirende Posten müfsen dahin ihre Paquetschlüfse machen. Diese Concentrirung der Kräfte und Mittel, dieser Schutz mittels des Etablissements jener Operationen auf einem freyen, — dazu eingeraumten Platz — ist die Macht, die Wehre des

Postwesens, und daher hieſs ich jene Plätze Post-Vestungen.

Nun werden auch die **Linien** nicht mehr unbegreiflich seyn. Iene mehrere Freyhäfen müſsen natürlich und schon aus dem Begriffe ihres Zwecks miteinander Communication haben, weil von einer Werkstätte der anderen in die Hand geliefert werden muſs. Es kömmt also darauf an, von einem dergleichen Ort zum anderen Routen, Canäle, Transitus (sie mögen laufen, wie und wo sie wollen) ziehen – zu laſsen. Auch diese müſsen befreyet, begünstiget, geschützt werden.

Aber darauf kömmt es bey dieser Schrift nicht an, alles das zu n e n n e n, was man für die Reichs-Postanstalt in besagter Hinsicht nöthig hat; auch werden dieses die Eingeweihten und das Directorium selbst besser als ich wissen. Es gehört solches eigentlich auch nur in die Negociation mit Frankreich und dem deutschen Reiche, in so weit es die Länder einzelner Regenten betrift. Aber ich denke, wenn man desfalls dem Generalat den Statum stricte quo ante hos Motus,

allenfalls nach dem Normaljahr 1790'
Neujahr, beliefse, so wäre ihm zum
Theil geholfen; doch man muſs, besonders das Guse, ganz thun: Ihr müſst
demselben des Zweckes wegen noch hier
und da eine entlegene Postvestung und
servitutem itineris actus et viae tour und
retour, im West, Norden und Osten,
und besonders — Süden gestatten. Es
ist ja kein Feind, kein Verräther, den
ihr aufnehmt: Auch im Kriege kauft
ihr überall her, oder esset wenigst alle
Lebensmittel, sie mögen in Feindes oder
Freundes Land gewachsen seyn; Es ist
der Verband der Menschheit; es ist
Cosmopolitik in dem praktischsten Sinne,
was bezwecket wird, wozu also kein
Mittel apprehendirt werden sollte.

Hierzu also vorzüglich fodere ich
nach der Dictatur meines Herzens und
nach meiner Ueberzeugung Frankreichs
Assistenz in Norden und Süden, Oester-
reichs Macht, Ansehen und guten Willen, Preuſsens bonnes offices und Loyauté auf: Zeiget darinn eure Gröſse,
daſs Ihr **euch selbst** zum allgemeinen
Besten, **Gesetze** gebt.

Was den Status quo betrift, ist es nichts neues, was nicht ohnehin weltbürgerliche Billigkeit zu belafsen erfodert: Warum sollen Kriegs- und Arrondissements - Verhältnifse, das zerreissen, was über alle diese Dinge zu Friedens- und Kriegszeiten ein magisches Band der Communikation schlingt? Das Postverhältnifs ist noch über alle andere Differenzen erhaben, ja, auf diesen Grundsatz, als Basis hin, sind die wichtigste Verträge Hollands, Engellands und Frankreichs geschlofsen, und das Reichs-Postwesen hat mit einer preiswürdigen Loyauté daran gehalten.

Was die neue Etablissements, z. B. in Süden betrift, so hatte das Reichs-Postwesen auch dahin vorher schon besonders in Mittel-Italien, Connexionen; Es kömmt aber dermalen vorzüglich auf Ober-Italien an, wohin einige in Mittel-Italien oder sonst, Rechts vielleicht, cessirende Plätze tranclouirt werden könnten, da ohnehin die neue Regierungen Frankreichs müttterlicheren Rath, auch darinn gerne annehmen werden.

Was z. B. den West-Norden beträfe, so wäre es auch nur Umtausch, ohne welchen aber, das Reichs-Postwesen wirklich Ungerechtigkeit erlitte.

Bey dieser Gelegenheit könnte nun die Sache viel dauerhafter, weltbürgerlicher garantirt werden.

Ueberlegt einmal, Ihr alle, denen der Cantor Lefsing in Hamburg seine Biographie der Vaterlandsliebe, dediciret hat, was ich §. 1. §. 5. gesagt, und verbindet das gegenwärtige mit §. huj. N. III, (was nachfolgt,) so werdet ihr leicht bemerken, was und wie ichs wünsche; das Uebrige wird euch das Directorium gelegentlich der Negociation, wozu ihm leicht ein Wink gegeben werden kann, hoffentlich selbst am besten sagen.

Und wenn ich höre, daſs es gut gehet, will ich, wenns auch nicht Neujahr und nicht Winter ist, mich freuen und singen, was ich mit so viel Aehnlichkeit und gleich gestimmter Handwerks-Rührung singen kann, das schöne Lied des Wandsbeker-Bothen l. c. Thl

I. n. 1. p. 1., und den Postruf auf meinem Horn, nach jeder Strophe, blasen.

III.) *Interesse und Politik des Postwesens.*

Wenn nun Gefahr für diese Anstalt im deutschen Reiche vorhanden ist; — Wenn die Erhaltung und Beförderung derselben, nach ihrem Zweck und nach der Natur, durch die angemefsene Mittel und Vorschläge nur, erreicht werden kann; wenn ohne diese, und durch die vervielfachten Anstalten der Zweck vielmehr verhindert wird, wie in den untenher §. 11 vorkommenden General-Remarquen, beständig gezeigt werden wird: So sollte zwar schon a priori (quia qui vult finem, velle debet media, deren es keine andern und bessern giebt, weil die Zweckmäfsigkeit der vorgeschlagenen, durch ihre Angemefsenheit für die Natur des Instituts gezeigt worden, und durch die gewöhnliche, fremdabsichtliche Einwürfe nicht bestritten werden kann.)

So sollte zwar schon a priori alle jene Vorschläge zu realisiren das eifrigste Bestreben seyn: — Allein ich will noch ferners zeigen, daſs nebst der **Zweckmäſsigkeit** derselben solche auch das Interesse der Staaten und die Politik des Instituts fodern, und alsdann glaube ich, die Motivirung erschöpft zu haben.

Vor allem will ich nur

A.) die §. 1. berührte Besorgniſse etwas näher rechtfertigen, da eben durch diese Besorgniſse die Politik, welche von Post- und Correspondenz wegen beobachtet werden muſs, aufmerksam gemacht wird; —

Alsdann aber darzustellen versuchen,

B) **daſs** und **wie** die individuelle Lage der Subjecten und Objecten der Correspondenz, durch eine **weniger consistente** Anstalt des deutschen Postwesens, mancher politischen Bedenklichkeit unterworfen werde. Ad A.)

Die Umwälzung der politischen Geographie, (und die daraus folgende der bisherigen Reichs-Postanstalt) ist nicht die

Neuigkeit des Tages; denn bey a) S t r u ben, b) H e n n i g e s, und c) M o s e r kommen schon ohngefähr die Ideen vor, daſs arrondirte Länder für e i g e n e Posten gemacht seyen;

Zerstückelte Länder unterlägen eher einer fremden (??) Postanstalt; Bey Gelegenheit, wo diese Zerstücklung sich mehr nach der Notio Directrix E i n e s Herrschers, über vorher in p l u r a l i beherrschten Districte würde coaguliret haben, würden jene Länder es alsdann schon eben so machen.

Ist Deutschland qua Nation (das linke Rheinufer ausgenommen) nicht arrondirt? warum will es sich in Sachen, die sich auf sein Ganzes beziehen, für zerstückelt halten, und diese Stücke erst zu arrondiren suchen? Hat etwa der W e b e r e i n e r n e u e n d e u t s c h e n

---

a) Fabers neue Staats - Kanzley T. 3. p. I L. 29. 67.

b Henniges med. ad I. P. O. p. II. med. ad Capit. Iosephi ad §. 34. p. 231. seq. ibique Schroedern, C. 52.

c) Moser l. c. p. 5. lib. 2. Cap. 78. §. 192. p. 272.

Constitution Frft. a. M. 1797. recht, wenn er so oft wiederholt: die Deutsche seyen keine Nation mehr! o! Gemeingeist, wo bist du; Soll denn alles auf blofser Convenienz beruhen?

Es ist demnach keine Besorgnifs eines verbrannten Gehirns (aegri Somnia) dafs sich das a priori zerstückelt genannte Reich, arrondiren, d. h. die Stückeley nach einem anderen Modo Compositionis und nach besagter Notio Directrix für solche Staats-Operationen, bilden, und sich selbst den **Abschied** machen werde.

Allein dann kann gar zu leicht der **Zusammenhang** des um die dermalige Stücke sich schlingenden Postwesens abgeschnitten und in den neuen Arrondissements von neuem eingezettelt werden.

Es ist also der Versicherung, welche Moser l. c.
dennoch macht, nicht zu trauen; — wenn du von Todten aufstündest, ehrlicher Hans Jacob, den ich noch in seinem Nachkommen verehre, du würdest überhaupt vieles anders finden.

Durch diese Zerstücklung der kleinen
Theile zu größern, und des ganzen Postwesens in Theile, wird Deutschland niemals werden, was es werden könnte, die
Postmeisterin von Europa! das Ve-
hiculum des europäischen Handels! denn
die Zerstücklung schadet der Vollkommenheit: Es erweiset sich dieses schon aus §.
8. 9. I und II, aus dem Verfolg gegenwärtigen N. III, und wird sich besonders noch mehr aus §. 11 erweisen: Nur
in der vollkommensten Gestalt wird es
sich diesen Rang erwerben können. Zwar
sollte das Interesse Schwedens, Dännemarks, Spaniens und Engellands und
Frankreichs, und das Interesse und die
Garantie-Verbindlichkeit Schwedens und
Frankreichs rücksichtlich des westphälischen Friedens (worinn implicite das Esse
des Reichs-Postwesens, durch die zu
Grundlegung der übrigen Reichs-Gesetze,
in so weit solchen nicht expresse derogirt
worden, — bestättiget ward, —) endlich remissive darauf bey dem Teschener
Frieden die Garantie Rußlands, wachsam
und thätig seyn, wenn diese Mächte anders das Suppositum glauben, und sich

überzeugen lafsen wollten, dafs durch Zerstücklung, durch Beschränkung, die Subsistenz und die Vollkommenheit, mithin die Tauglichkeit der Anstalt zu dem gewifs mit mehr Ueberzeugung anerkannten Zweck, total gelähmt und ruinirt werde.

Allein — Krieg führet doch wohl Keiner dieser Garanten wegen — meiner Demonstration: ohnmittelbar trift es auch keinen, und leider gehört mehr Posttechnologie dazu, um das Interesse recht zu fafsen, als die gewöhnliche Staats-Männer haben und haben können. Mir ist überhaupt, ohngeachtet aller Metaphysik der Politik, worinn das widersprechende Capitel vom ewigen Frieden der oberste Grundsatz seyn soll, und ohngeachtet alles guten Anscheins, bey der aufgeklärten Politik Frankreichs,

Sendschreiben des alten Weltbürger Syrachs etc. Sarmatien 1795. pag. 195.

dennoch ist mir die Total-Ruhe Europens noch nicht — apodiktisch. Man hat noch nicht die Kunst vergessen, von welcher Voltaire

im Leben König Carl XII. v. Schweden p. 384.

bemerkt, dafs sie auch die Association der Völker zersetzen könne, welches Experiment also auch Unserm Wiegenkind von Weltbürger-Republique appliciret werden könnte.

Man erinnere sich, wie treffend der deutsche Monzambano,

Puffendorff, Bericht vom Zustand des H. R. R. teutscher-Nation. Lpzg. 1715. cap. 7. passim.

die verschiedene, unter allen Abwechslungen der Verträge, bleibenden Interesse und Maximen der Europäischen Mächte, besonders aber, die Gebrechen Deutschlands pag. 717. schildert, und was darüber

Mably, Principes des negociations, c. 9. 11. 16.

räsonnirt; man lese, was davon, von diesem Weltbürger-System, von dem Interesse und den Prätensionen der Europäischen Staaten, und sogar von künftigen Machinationen auf Deutschlands Ruhe

Syrach l. c. p. 144. 145. 150. 180. sagt: was mein Freund zu Oitinum in Wagrien dazu sagt, das will ich bald innen werden.

Man urtheile nun, ob meine Besorgniſs so ganz leer sey? Soll an den beiden ominosen Orten, Monte bello und Campo formido, alles berichtiget worden seyn, was Vater Syrach wünscht???

l. c. p. 161. et seq.

Ich will übrigens hier nur den Widerspruch in den menschlichen Ueberzeugungen bemerken, z. B. zwischen belobten Syrachs Rathschlägen und den Grundsätzen, in

Strubens Nebenstunden T. II. N. 8. §. 21.

wenn beide von den Maasregeln bey National-Allianzen sprechen; ich möchte doch wohl eher Syrach beitretten; endlich aber zu meiner Materie zurück tretten:

Ad B.

Was sind die Haupt-Ingredienzen der Correspondenz?

Handels, Staats, Litteratur, Alletags-Correspondenz!

Was die erste und zweite betrift, so muſs darauf die Politik des Postwesens ihr Augenmerk richten, doch aber auch das dritte, das Litterar-Commerz nicht vergessen. Unter den Alletags-Correspondenzen begreife und nenne ich als die beträchtlichste die — Liebesbriefe, welche in unserm romantischen Jahrhundert doch wohl einen importanten Artikel machen, wenn man diesen nicht schon unter die — Handels-Correspondenz rechnen will.

Man überlege, welche Folgen das litterarische Institut in Frankreich, wie ich es aus den Uebersichten des Leipziger allgemeinen litterarischen Anzeigers 1797. N. V. pag. 44-47. 1798. N. II. p. 9. etc. N. III. pag. 25 etc. kenne, auf die Briefmasse und auf die Lebhaftigkeit der Correspondenz-Connexionen haben wird und muſs.

Man fixire ferners folgende Europäische Postal-Statistik:

a) das litterarische Frankreich,

(nur diesen Theil seiner durch das

neue Staatsverhältnifs in Europa unermefslich wichtigen und vermehrten, also, die diplomatische Correspondenz, noch nicht, gerechnet)

b) den erwachenden Norden,
c) das speculative Engelland und die Schweiz,
d) das paradiesische Italien, und
e) die Situation der beeden letzteren, zu den Haupt-Bedürfnifs-Producten.

Dies lezte leitet mich wieder auf die Handels-Correspondenz, wobey ich stehen bleiben, und durch den Parallelismus der Handels-Statistik

de Lucca prakt. Staatskunde v. Europa, Wien 1796 p. 396 bis 463.

P. J. Brunes neues geograph. Handbuch in Hinsicht auf Industrie und Handlung II Thl. Nürnberg 1793 pag. 43—46. 73—78. 69—72.

Gatterer Abrifs der Geographie l. c. Anzeige des Inhalts. XXVI. bis XXXIV.

zur Post-Statistik, die Politik des Postwesens, begränzen will.

Der rechte Kreislauf (circulus non vitiosus) ist — Freiheit des Handels und Freiheit des Postwesens, und wieder umgekehrt: Eines wird zum Besten des anderen erfordert; wo leztere ist, muſs auch erste seyn, und wird gedeihen.

Wenn einmal Villaume's Ideen, in dessen vermischten Abhandlungen: Berlin. 1793. I.

Confes. le Trôsne, Lehrbegriff der Staatsordnung: übers. von Wichmann Lpzg. 1780. p. 389 seq. 482—519. seq. 520 seq. $\frac{1}{5}\frac{3}{4}\frac{2}{7}$ seq. 621 seq. 642. seq. 677. seq. 738. seq.

realisirt werden, so will ich auch daraus für das Postwesen argumenta ziehen.

So wie der Handel puncta fine, Transport-Institute, Organa, Combinationen, Diverticula, Freihäfen, Sicherheit, Beförderung, Strafsen - Gelegenheit, bedarf,

Lamprecht l. c. §. §. 1350 bis 1708. spec. 1492. seq. 1467 bis 1684. 1686—1708. 1507. 1573—1575. 597—1608. 1609.

Jung. Staats-Polizey §. 1326. seq. gerade so (§. 9. I. et II.) das Postwesen.

So wie Venedig einst seine Existenz und Handel gründete, so sollte das Postwesen selbst geleitet werden.

Herder Philosophie der Geschichte der Menschheit IV. Band, (Carlsruh 1792) pag. 32.

Man überlege also die Relativität (sit venia verbo) des Handels,

Montesquieu Geist der Gesetze T. 2. lib. 20. c. 6. p. 242. (Altenburg 1782)
das politische Gleichgewicht und das Punctum saliens desselben,

l. c. p. 244. et c. 23. p. 258.
aber auch, die innerliche und natürliche Fixirung der Handels-Verhältnisse,

l. c. lib. 21. c. 1. bis 5. p. 261 etc.
besonders in allen vier Weltgegenden;

l. c. p. 262. 263.
man bemerke, daſs vorzüglich die See, aus so mancherley eigenen Ursachen, dem Transport, das Continens aber, mit Rücksicht auf gegebene Verhältnisse und Lagen, der Correspondenz und erleichternden Connexionen, günstig und angemessen ist.

Nun aber sind jene Verhältnifse und Lagen, auf die Rücksicht zu nehmen ist, —
- a) die Correspektivität der Gattung der Produkten,
- b) die Situation der verhandelnden und erhandelnden Subjecten,
- c) und die Lage der Länder, worinn Objekte und Subjekte existiren:
- d) wo der vollkommenste Transporthandel ist, da ist auch der Treibboden des Postwesens.

Jungs Staats-Polizey. Lpzg. 1788. §. 1303. 1325.

Nun wird ferners, das majus und minus abgerechnet, die Situation, vielmehr die Tendenz des Handels, von einem Küstenland, über das Continent, zu dem andern, (z. B. zwischen Norden und Süden) sich so ziemlich gleich bleiben, nur — die Subjekte ändern sich: Haben nicht Venetianer, Portugiesen, Niederländer, Holländer, Engelländer, schon mit einander gewechselt, und giebt es nicht jetzt wieder neue starke, Rivalitäten; kann nicht Frankreich durch Leitung der alten Subjecte des Handels, beinahe selbst, Leiterin des Handels werden.

M. Cobald Tozze, europäische Staatskunde. Schwerin und Wismar 1790. I. Band 1 Hpt. Stk. p. 143. seq.

Wenn nun endlich die Inseln, Küsten und Meeres-Lagen, vorzüglich die Handlung, und was dem anhänglich ist, mithin (Norden und Süden und Nordwest und Südostwärts) die populos portitores (cicero irgendwo) begünstiget,

Theoph. Fried. Ehrmanns Geschichte der merkwürdigsten Reisen. I. Band. Ffrt. aM. 1791. p. 225. 226. et passim.

Herder l. c.

So muſs das dazwischen befindliche Continent für das aviso der Interessenten, dieses aber für das Postwesen, und besonders — nach seiner, dafür indizirten Lage, für Deutschland, wegen der Kürze des Weges, wegen des Bestands der Anstalt — wichtig seyn.

Es ist also dem Interesse der, beim Handel interessirten Nationen angemessen, darob zu wachen, daſs das Postwesen Deutschlands aufrecht erhalten werde. Dies wird aber Gefahr leiden; also ist es vielmehr zur gröfsten Vollkommenheit zu befördern, um gerettet zu werden. Die Correspondenz wird schneller, sicherer, wohlfeiler von Ihm besorgt werden können, wenn seine innere regie, wis es — experto crede roberto — unter dem bisherigen Druck von Precario nicht möglich war, consistenter organisiret, wenn seine Ausbreitung (per Vestungen und Linien, nicht als Monopol) und Freiheit begünstiget, wenn seine Existenz und Zusammenhang erleichtert und garantirt wird. Ohne dieses wird die Anstalt gelähmt, also der Correspondenz - Transport dem Interesse und dem Zweck der Interessenten gemäfs, nicht befördert werden können: Freilich gehört artisperitia, Post-Technologie dazu, um das einzusehn; aber für was rede ich dann?

Aus der Natur des Instituts erhellen die besagten wesentlichen Bedingungen; So entgegengesetzt also denenselben das Provinzial - Post - System ist, so entgegengesetzt ist es auch der Natur des Postwesens, also macht jenes, dieses unfähig, auf die vollkommenste Weise, den vollkommensten Zweck zu erreichen, also — auch den Vortheil erlaube man mir zu bemerken, welchen diese Anstalt, gut organisirt, (wozu es seit einiger Zeit den Anschein hat) gegen allerley Art Unterschleiffe, nachtheilige Correspondenz, Contreband, falsche Münze — gewähren kann, besonders da man einen Einzelnen, wie z. B. das Taxische Haus, ohne force Armée, in Ordnung kann halten, nicht aber die präponderante Reichs-Stände.

(Mertans) Beleuchtung der Pütterschen Abhandlung vom Reichs-Postwesen p. 114.

Vertheidigung der im Ungrund etc. aufgestellten etc. in den Anmerkungen bestrittenen Grundsäzze. l. c.

Ihr Mächte Europens, Schweden, Engelland, Preufsen, Bataver, Cisalpinier, Rufsland, besonders aber Frankreich, und Oesterreich, benützt diese Gelegenheit, oder die nächste, und

macht, was recht und nutz ist, damit Ihr sagen könnt, wie geschrieben stehet: „und er sah, daſs es gut war."
Was ich aber ganz angelegentlich vorschlage, kam schon in der vorstehenden Abtheilung II. dieses §. 9. vor, nämlich — die Postvestungen und Communikations-Linien!! —

Noch eine weltbürgerliche Frage: wäre es beim Postwesen nicht möglich, wie beim Handel, eine Post-Hansa, zu errichten? (NB. keine Maskopey) z. B. Frankreich, Holland, Deutschland, Cisalpinien, Mittel-und Unter-Italien, Oesterreich, Türkey, Schweden, Engelland und Ruſsland etc. etc. etc. ???

§. 10.

(Motivirung. IV. Analogieen.)

Obwohl ich bloſs de lege ferenda und republica ordinanda zu sprechen mich anheischig gemacht habe, so will ich dennoch einige Bemerkungen Preis geben, zufolge welcher der Vorschlag das §. 8. auch der bestehenden Verfaſsung nicht zuwider ist.

Wenn man den vieux Styl des Staatsrechts nehmen wollte, so hätte sich das

Postwesen, als etwas, das auf das Ganze gehet, zur concurrens Jurisdictio, und zu den Grafschafts-Rechten geeignet.

Geschichte der Landeshoheits-Streitigkeiten. Ulm 1795, an mehreren Orten.

Denn alle Anstalten, die das Corpus qua tale betreffen, gehören dahin, wo das Corpus qua tale existirt, oder der eigentliche Charakter der Hoheitsgewalt repräsentirt wird: Unter diese Charaktere, wie sie z. B.

Häberlins Handbuch des teutschen Staats-Rechts. Ffrt. u. Lpzg. 1794 I. p. 378 seq.

angiebt, läfst sich der Begriff eines deutschen Artastanda-Amtes subsumiren: wie sich die Landstände eines deutschen Staats zu diesem Staat verhalten, so verhalten sich die einzelne deutsche Staaten zum Reichs-Staat. (Freilich omnis similitudo claudicat) — Es schlägt also in die Oberdirection des Reichs-Staats, (durch den gesetzgebenden Körper) das ein, was in die Direction des Staats questionis einschlagen soll:

Folglich ist eben so das Reichs-Postwesen eine Reichs-Staatssache.

Ich weis wohl, dafs diese Retorsion und Umwendung des Brocardici, (Status sunt caesares in territorio) nicht viel Beifall finden wird: — doch weiters, allen Modificationen und Einschränkungen der Freiheit, in einem Provinzial-Staat, sollte also dieser Provinzial-Staat, in Hinsicht auf das Reichs-Staats-Recht unterliegen: Das Postwesen ist vielmehr nach der Geschichte des Reichs-Staats-Rechts, als nach seiner eigenen Geschichte zu beurtheilen, welche immer nur, nach der Gemeinerschen Idee der Abtheilung der Kirchengeschichte, den zweiten Theil derselben, fata ecclesiae pressae, ausmacht: Nun aber ist das historische Staatsrecht der Staatsgewalt in Deutschland, (mithin die deutsche Staats-Verfafsung) blofs auf Vertrags-Rechte gebauet:

Es hat zwar dieses mehrere Veränderungen erlitten, aber durch die Analogie des Natur-Rechts allein, kann man keine neue, constitutionelle Aenderung machen, auch nicht durch einseitige Interpretation die Oberstaatsgewalt, (sondern nur durch Consens und Vertrag) einschränken: So lange also über das Reichs. Postwesen noch keine solche gesetzliche, Constitutionell gewordene, Abrogation, oder was dem ähnlich ist, und das nämliche bewirken wird, — existirt, so lange sind wohl alle bisherige Anfechtungen Constitutionswidrig, also alle Vorschläge, es in integrum zu restituiren, wenn sie auch zugleich eine gröfsere Vollkommenheit bezielen, nicht — Constitutionswidrig.

Es hat sich das Reichs-Postwesen durch die Fäktischen Vorschritte noch nicht vom Reichs-Staats-Recht losgewikkelt, weil es vielmehr der Analogie und Geschichte gemäfs ist, dafs die Kaiserliche Rechte nur Schritt vor Schritt, faktisch, aber nicht durch einseitige Interpretation, der Reichs-Ständischen Regierung zugetheilt worden sind.

Wenn auch mein Vorschlag, das Ständische System, hin und wieder einschränken sollte, so ist selbst ein solches Einschränkungsgesetz (welches dazu nöthig wäre) nicht gegen die Verfafsung, und es ward die Landeshoheit in ähnlichen Fällen eingeschränkt.

Pütter, Beiträge zum teutschen Staats-und Fürstenrecht, Göttingen 1779. I. Thl. N. 17. 18. 19. Spec. N. 17. p. 297. n. 8.
Chr. Gott. Biener von der Kaiserl. Machtvollkommenheit Lpz. 1780. gr. 8. §. 102. p. 204.
(Mertens) Beleuchtung etc. l. c. p. 13. 14. ad §. 12.
Justi, Pac. Os. Art. 9. §. 1.
Wahl-Capitulation, Art. 8. §. 6. 7. Art. 7. §. 2.

Keinem Stand soll Cars oder Fotum sui juris quaeriti abgeschnitten, verringert, verkümert werden: aber zweckwidrige Wirkungen und Anwendungen desselben, und sollte auch erst die Erfahrung es lehren, — sind Reichsgesetzlichen Abänderungen unterworfen:

Wenn die Contribuabilität der Kammergüter in den Händen der Reichs-Stände zum Staats-Aufwand, nicht aufhört,

Recefs. Imperii d. 1543. §. 24.

da solche aus den Händen der Kaiser sammt dieser ursprünglichen Qualität an jene gelangten, die so viel zur Real-Begründung der Landeshoheit aus ihren eigenen Besitzungen nicht erhielten,

> Pütter l. c. Thl. I. p. 125.

so müssen auch gewisse andere Theile der Landeshoheit (posito non concesso, daſs diese einen **metaphysisch-runden** und nicht vielmehr einen **historischen** Begriff, als virtuellen Innhalt hätten oder ein Corpus indivisibile wären,

> Kreittmayer, Grundriſs des allgemeinen Staatsrechts, München, 1789. Edit. 2. I Thl. p. 17. §. 7. litt. f.)

so müssen auch die übrige Theile der Landeshoheit, welche nach und nach dahin gezogen wurden, die ihnen also auch **historisch** und successive zu Theil wurden, den nämlichen Characterem indelebilem behalten; Es könnten (sollten) also die Stände das Postwesen nur rücksichtlich des **allgemeinen** ausüben, und was Sie dabey ausüben wollten, sollte nur auf das **allgemeine** gehen. — (S. introit. huj. §.) Was ist das? —

beytragen helfen, unterstützen, schützen, Coordinate Cooperiren!

§. 8. I. f. II. a.

Meine Theorie des Reichs - Postwesens ist also negativ, "daſs es nicht wider-"spreche," "und daſs ihm nicht wider-"sprochen werde." Salva sit Superioritas territorialis, neque vero, laesa posta, wesfalls erstere sich inkompetent zeigen, und die Gewalt der äuſseren Landeshoheit überschreiten würde.

Biener l. c. §. 92. 93. p. 177. etc.

Wahrhaftig, wenn man gar so viele Difficultäten bey einer so gemeinnützigen Sache machen sollte, ich müſste denken, die Astraea des Vaterlandes sey ad Astra zurückgekehrt! war es nicht diese, welche die schöne Institute (cum instituebantur) des Reichs-Kriegswesens, der Gesetzgebung, der Kreise, des Münzwesens, der Reichsgerichte, der Matrikel, des Landfriedens, der Vereine, der Deputationen, der Visitationen, der Polizey, der Austräge, des Regiments (Mainz [ci-devant] Wien, Regensburg, Wetzlar) einhauchte? Freilich ist der Odem erkaltet, aber sollte, was das

Reichs-Postwesen betrift, es bisher bloſs an der Darstellung desselben gemangelt haben?

§. 11.

(*Motivirung*) *V. Thesaurus locorum Communium sive argumentorum ad hominem.*

1.) Wenn das Postwesen (in modo) das Palladium der deutschen Freyheit,

> E. Weber Teutschlands neue Constitution, Frankfurt a. M. 1797. §. 42. p. 47.

wenn es eine sichere Anstalt gegen das verschiedene Interesse,

> Vertheidigung etc. l. c. p. 122.

seyn soll,
wenn es (ratione mediorum) nur durch allgemeinen, auf einzelne Frey-Plätze bedingten Zusammenhang, bestehen und gedeihen kann: So ist alles an der Aufrechthaltung gelegen; weil an dem Zweck alles gelegen ist, so ist auch nothwendig, die bedingten Mittel zu realisiren: das Cameral-Interesse, die Imperiosität, muſs jenem Interesse und

diesen Bedingungen, sine quibus, der interessante Zweck nicht zu erreichen ist, — nachstehen, obwohl das Raisonnement von jenem

Strubens pag. 9. der Nichtigkeit etc. neue Staatskanzley T. 3. und p. 7. Beweis der Nichtigkeit etc. Hannover 1760. §. 4.

sehr verschieden ist.

2.) Selbst dem Kayser rathe ich, die Reservat-Qualität aus dem Catalog zu streichen:

Lundorpius, T. V. act. publ. libro 2. C. 113. §. 17. p. 1045.

und durch einen novum legem die Sache zur Reichs-Sache zu machen.

Er hat schon so vieles gethan, dafs er dies geringere wohl thun kann, und wird, da auch sein auswärtiges Staats-Interesse, welches nach dem Verfasser der Ministerial-Zeitung wohl zu distinguiren ist, künftig weniger dadurch tangiret wird.

Es scheint wenigstens mir das einzige gute, und das Rettungsmittel

H

zu seyn, das in hac providentia anwendbar ist. Das Gegentheil nützt nicht nur nicht, schadet vielmehr, und ad haec extrema, aus Indolenz zu schaden, läfst es das Haus Oesterreich nach so vielen Beweisen, von Grofsmuth und Gemeinsinn, wohl nicht kommen; Es wird eher das schlimme als das gute aufhalten wollen; auch würde, bey längerer Unentschiedenheit, Zeit, Kraft (Gelegenheit) und die Sache selbst indessen verloren gehen. Das Taxische Haus ist in der bedenklichsten Situation: es soll hier und da die Cathegorie in salvo erhalten, und nichts vergeben: es wird ihm aber genommen, ohne dafs es ernstlich vertheidiget, oder revindiciret, sondern blofs auf — Deductionen angewiesen wird. Wenn es blofs Iura beträfe, (wie dies der Fall bey dem Kayserhof ist) so wäre es nicht so gefährlich; aber die gereitzten und durch keinen Widerstand aufzuhaltenden Stände gehen immer weiter, und schneiden nach und nach alle Postnerven ab, womit es eine eigene Bewandtnifs hat, da das Leben und Weben derselben nur in einem freyen Spielraum bestehet, quod vers non prodest, sed nocet, illud etc. Nichts ist ärger als s t r a n g u l i r t werden, wo man zu viel Luft zum Sterben, und zu wenig zum Leben hat; nichts ist peinlicher und decontenançirender als die Zwischenfrist vom ersten Druck des Zuschnürens, bis zur — Bewuſstlosigkeit; so stell ich mir's wenigst vor.

3.) Bisher war immer ein Interesse gegen das andere gespannt, darum sind auch die Verfügungen und die ganze Situation gespannt; was war das Ressort jenseits? wie gesagt, Interesse und Inperiosität, mitunter Unkunde: ja, das sag ich keck; daher habe ich eben bey der Exposition meines Plans der Organisation des Postwesens zu einem R e i c h s a m t und einer desfallsigen Deputation, darauf angetragen, daſs artis periti zu der Deliberation gezogen werden, um Sach - und zweckgemäſse Verfügungen treffen zu können; Aber die innere Regie und Finanz muſs unangetastet bleiben, wenn nicht daraus neue

Ambrage und Apprehension entstehen, und der letzte Fehler ärger als der erste werden soll.

Die Urkunde stammt vorzüglich von den Reichsständischen Ministerien her. Man übersehe nur die gewöhnliche Carriere dieser Geschäftsmänner; man forsche auf ihre diplomatische Origines, u. s. w.; wenn es auch sehr gelehrte Leute sind, so sind sie wenigst hierinn sehr einseitig, und sogar praevaupiret: Ieder hat sich sein Fach, Camerale, Ius, affaires étrangeres etc. gemacht: in dem gewöhnlichen Studien-Cours kömmt das Postwesen nicht vor; Sie haben also keine sufficiente Begriffe davon; und die sie sich allenfalls — geben lafsen, verlieren durch die — M e d i a die Deutlichkeit der intuition; Es gehen ihnen auch schon zu der Empfänglichkeit mehrerley Vorkenntnisse ab; Es ist sehr viel mechanisches und so etwas eigenes um die Postanstalt, dafs es nicht so leicht verlässig beurtheilt werden kann; Schon an dem Lärm, an der Gewaltthätigkeit, mit welchen die Anstalt als überflüfsig und rechtswidrig verworfen wird, hört man, dafs kein Artis peritus spricht; diese Idee wird sich an einem anderen Ort näher entwickeln lafsen: Das meiste hören jene Geschäftsmänner auf den Universitäten davon, bey Gelegenheit des Iuris publici; und seit der Ausarbeitung dieses Kapitels durch — Gelehrte, ist der Lärm erst recht arg. Was verstehen Gelehrte von dieser ganz practischen und viel umfafsernden Anstalt, als die Arca Centiare ihrer Studierstube; diese Unkunde und einige andere unlautere Triebfedern, wie ich obenher hoc §us schon angedeutet habe, schadeten nicht blofs dem Haus Taxis, sondern der Sache selbst, mehr, als der National-Ehre zuträglich ist. Aller Lärm gegen das Reichs-Postwesen gründet sich entweder auf Un-facta (Schlözer Darstellung der allgemeinen Weltgeschichte im Eingang) oder Prätexte und Masquen, oder auf historisch unpafsende Asserta, die nur aus einseitigen Theorien abstrahirt werden.

4.) Wenn nur die Staatsrechtskünstler mehr die Relativität (sit venia verbo) aller Dinge und Begriffe
(Ecclesiastes. I. 3.)
beherzigten; was sind die Reichsstände gegen das ganze Reich, und sollten künftig statt 300 auch nur 30 seyn? Es gab bisher derer, die auf keinen Mètre-Karré sich ausdehnten, und foderte auch der letzten einer, Complexum regalium, und wird, wegen der Wohlfahrt und Sicherheit dieser Centiare, keines derselben, einem privato auf einem $\frac{0\,263}{100000}$ überlaſsen wollen; Nun sind aber die mehrere Mètres - Karrés - Regenten gegen Deutschland's und Europa's Arpent, solche parties dix - Millionéme, daſs ihnen wegen der Wohlfahrt und Sicherheit, in cosmopolitischer Hinsicht, eben so wenig überlaſsen werden sollte, was ihnen gelüstet, als Sie es a Majoris ad Mixus den $\frac{0\,263}{100000}$ Innhabern gestatten.

Fiat applicatio auf das Reichs - Postwesen; das war doch wohl ein Argumentum ad hominem?

In diesem Sinn hat Kretschmann in Anspach Recht, wenn er, wie man sagt, gesagt haben soll, man müfse sich ein eigenes Staatsrecht machen.

5.) Ie einfacher die Manipulation des Postwesens, je weniger sie durch die öftern Absätze, Auswechslungen, vorzüglich mit dem Land-Postwesen, complicirt wird, desto wohlthätiger, zweckmäfsiger, sicherer, wohlfeiler wird die Anstalt, gerade wie beym Handel.

Enderlius natürliche Cammeralwissenschaft. etc. Carlsruhe 1774. I. p. 258.

Jung, l. c. §. 1352.

6.) Da im westphälischen Frieden die onera und impedimenta

Art. IX. §. 1.

sich auf den Usum Comerciorum beziehen, so läfst sich ja auch denen Beeinträchtigungen des Reichs-Postwesens durch andere Postirungen utiliter entgegen argumentiren: der Beweis des suppositi hierbey, erhellet schon ex §. 9. per totum.

Damals (tempore pacis) mögen willkürliche Taxen daran Schuld gewesen seyn, und das Bestreben nach Herrschen, nicht aber das Institut, qua Werk des

Kaysers, und qua Entreprise des Taxis. Ietzt sind die Herrschsucht und übel calculirte Plusmacherey ständischer Kammern, oder wohl auch persönliche Knauserey, wahre onera und inpedimenta comerciorum.

7.) Aus der Beschreibung der fruchtbarsten und wohlthätigsten Organisation des Postwesens, und aus den nöthigen Bedingungen zur Existenz dieser Organisation erhellt, daſs solches nur durch die Cathegoria der Allgemeingültigkeit (Universalität) durch **Extension der Course** (nicht **Monopol**) mithin durch **eine** Anstalt, und nicht und niemals durch mehrere zerstückelte und zersplitternde Provinzial-Posten gewährt werden könne, welche alles, was zur Errichtung und Einrichtung der erstern, in dem indigirten Sinne ihres durchgängigen Zusammenhangs, nach der geforderten Vollkommenheit, erfoderlich ist, vereiteln: die meiste Hindernifse sind nur gemachte und die meisten, vorgeworfenen Unvollkommenheiten entspringen aus gemachten Hindernifsen.

8.) Ungeachtet der vielen Hindernisse (und wie viele sind nicht) mit welchen das Reichs - Postwesen wegen der anderweiten Verhältnisse seiner Subjecte und Subalternen und Instrumente, kämpfen muſs, — ist — doch bey den Reichs - Posten im Durchschnitt die zweckmäſsigste Einrichtung: Wie viel leichter ist alles einem Landesherrn, wenn es auf Wirksamkeit der Mittel ankömmt (welche aber durch z u s a m m e n - g e s e t z t e K r ä f t e, hier dem Zweck entgegen wirken) wie viel leichter wäre also die Satisfaction des groſsen Publikums zu erreichen, wenn die Stände das nämliche und alles, was sie könnten, für die Reichs- Anstalt pro bono Communi Maximo thun müſsten?

Wenn es nun Staats-Interesse und Staats-Pflicht ist, dieses zu befördern; wenn analogisch, nur freyere und kräftigere Dispositionen näher zum Zweck bringen, welcher anerkannt ist, so sollten jene allerdings der allgemeinen Reichs-Postanstalt eingeraumt, nicht aber durch Beschränkung derselben das bonum Commune Maximum selbst beschränkt werden, indem wie gesagt **vielerley Post-anstalten** alles wieder in der Hinsicht der **Durchgängigkeit** (ohne Aufhalt, Absatz, Auswechslung) welche im Ganzen so nöthig als zweckgemäſs ist, — vereiteln, was auf einem Platz an und für sich dem Institut zweckgemäſs, und gut wäre, aber nur bey jener ohngehinderten Durchgängigkeit, auf welche es calculirt worden, und — um es praestiren zu können, N. calculirt werden muſs, — wirksam ist; würde man z. B. die Abwechslungen und Aushülfen der Extra-Posten mit allen Reichs-Posthaltereyen nach den Lokalverhältniſsen Reichsgesetzlich begünstigen, so würde man der, von

Justi (Bergius, Pol. und Cam. Magaz. Thl. VII. p. 232. n. 4.)

so sehr gepriesenen Anstalt nicht bedürfen, und nur **Kontracte**, nicht wahre **angaries** verlangen: wie ist es möglich, die gewiſs gut gemeinte Accelerationsanstalt, wovon mir mein Correspondent aus Regensburg vor mehr als zwey Iahren schrieb, mittels, districtweise durchausreitender Felleisen-Führer (statt der Ablösung durch einzelne Postillons auf jeder Station — die Pferde werden per se gewechselt) wie es auch in Frankreich seyn soll, zu realisiren, da die im Detail gefundene Hindernisse vorzüglich durch Indolenz, Recitenz, und Mauvaise Volonté der Posthalter eine willkommene Patrocinanz bey den Orts-Obrigkeiten gefunden haben, und noch mehr befürchten liefsen; Welche Hindernisse finden eben daher, aus Mangel an Soutien die besten und zweckmäsigsten Anstalten, z. B. bey Kontracten mit Schmidten, Sattlern, Wagnern, Pferdhaltern, — wonächst auch, die Conventis, difficilis gemacht wird, — wenigst uns nach dieser Maxime, von Seiten des Postwesens so behutsam gegangen werden, dafs es keinen Schritt weiter kömmt:

Um einen eclatanten Beweis dessen, was ich sage, zu geben, mufs ich von einer Nachricht Gebrauch machen, die ich erst voriges Jahr auf eine so wunderbare Art, als mir schon manches und vieles zu der gegenwärtigen Schrift gehöriges, in die Hände fiel, bekam. Es gehet mir wie einem meiner Freunde, der Gemälde sammelt, und ohne Vermögen, Connexionen, besondere Kunstkenntnisse, anfing, und dennoch eine Sammlung nach und nach bekömmt, worüber man sie anzutreffen, erstaunen muſs: Also jenes Factum: —

Es kam der höchsten Stelle, in irgend einem Lande, zu Sinn, Beweise zu geben, daſs ihre partes integrantes das Jus publicum nicht umsonst in Göttingen gehört hätten, noch weniger für Spaſs an der höchsten Stelle des Landes, stünden: Sie machen also de Concert den Spaſs, mit dem Fürst Taxis eine Lanze zu brechen; dadurch erwerben sie sich natürlich Ruhm und — Verdruſs: dabey hönnen sie unter den bedeutsamsten Staats-Phrasen von Reclamirung unveräuſserlicher Rechte, von Verletzung des Staats-Interesse u. s. w. ſaranguiren. —)

Allein so ganz ohne Fuchsgänge
αλωπεκος ισχνεσ βαινειν

Solon, apud haert.

zu wandeln, kömmt man doch nicht allemal zum Ziel; Was thun sie also? Sie afsen sich von der allerhöchsten Stelle Berichte abfordern, in welchen sie das Resultat dahin ziehen, dafs man bey jeder Gelegenheit den Fürst Taxis chiccaniren, und alle, auch Konventionsmäfsige Hilfe, entziehen soll: Man müfse

a) Zeit und Umstände durch andere Wege herbeiführen, um eine günstige Crisis zur Umgiefsung und Wiederruf der Convention zu bewirken.

b) alle Beschwerden gegen ihn sammeln,

c) keine Beschwerde von ihm heben,

d) weder die Hauderer und Bothen, noch

e) die Kanzley - Paquete, wie es doch die Konvention verlangt, aufheben,

f) die Partheysachen, nicht bezeichnen, und

g) keinem Taxischen Begehren willfahren.

Alles um ihn so mürbe zu machen, dafs er eine neue Konvention antragen würde, durch welche man ihn ganz zu Brey schlagen könne. Bilem tenentis amici! welche Feinheit! belle ut nihil suprä. Wie — ehrlich!

In diesem nämlichen Lande soll es auch der Fall vice versa seyn, dafs man einen guten Officialen wegthun, und einen schlechten behalten soll, je nachdem einer Connexionen hat, — und doch wäre zur Wirksamkeit der Direction eine gewifse Unabhängigkeit der Offizialen, um solche eher in der Disciplin zu halten, und damit sie keinen Hinterhalt finden, äusserst nöthig.

Vergönnt doch der Reichsanstalt den Zweckmäfsigen Spielraum, (den ihr aber ohne artisperitia (Post-Technologie) freilich hinsichtlich des supprositi nicht beurtheilen könnt) alsdann kann sie, wenn sie sich nicht selbst beständig schleppen und kümmern mufs, auch gegen euch in oeconomicis noch liberaler seyn, und darf in politicis, z. B. Dienstordnung, Briefe- und Paquet-Ersatzsachen, wenigen appresensiv darein gehen, und mufs nicht beständig sorgen, mit den Personen auch die Sache selbst Preis zu geben. Ihr versteht einmal den artisperitorischen Gang solcher Untersuchungen nicht, (davon habe ich spectaculöse Beispiele erlebt) und doch wollt ihr solche nicht überlaſsen, und verderbt durch eure Einmischung alles: Das weiß man vorher, deswegen geht man so miſstrauisch, zurückhaltend, und mehr defensiv als inquisitorisch zu Werke.

9) Man muſs sich keinen so eingeschränkten Begriff von dem Postwesen machen; es ist, sit venia verbo, **universaler Natur:** Wenn einzelne etwas gröſsere Distrikte Posten führen und combiniren können, so ist noch nicht allen Districten und deren Vorständen geholfen.

Rechtsbeständige Vertheidigung etc. **der im Ungrund** etc. enthaltenen, durch die Reichssatzungsmäſsige **Anmerkungen** bestrittenen **Grundsätze. Wien 1760. p. 64. 65.**

Alle können doch auch nicht, Posten anlegen; wie vage wird also das desfallsige Princip der Landposten! Es muſs also positive eine **Universal-Post auf einem groſsen District,** besseren Nutzen und Hilfe gewähren, also den **Hauptzweck** des Postwesens erreichen, zu welchem d. h. zu Ergreiffung der **angemessenen** Mittel, also a priori Staatspflicht in dem Reichsgesellschaftlichen Verband existirt: Die Mittel mögen nun positive oder negative seyn, nämlich, auch zu hindern, und zu beseitigen, was denselben weniger- oder un- erreichbar macht, dergleichen die Concurrenz mehrerer Posten ist, welche der Universalität (im Gegensatz vom Monopol.) durch die Absätze, Auswechslungen, Umspedirungen, u. s. w. rücksichtlich der Districte, wo auch jene particular-Posten nicht hinreichen, oder wo es auf Combination, eigentlich auf die **Durchgängigkeit ins Weite**, ankömmt, mithin dem Besten jener Länder, und dem Zweck der Postanstalt selbst, und dem Ganzen schadet, das doch im Wohl **aller** einzelnen Länder bestehet: oder warum sollen jene ganz isolirt bleiben, oder warum nur ihnen Reichs-Posten aufgeladen werden? wie bestehet dies mit dem Princip der Reichs-Ständischen Freiheit? Gilt das nur, wo es der Convenienz und dem Nutzen **Einiger** assistiret? oder kömmt Es, wenn vom Reich und den Ständen, und von Deutschland, von Staats- Sachen und Publizistik, die Rede ist, anf etwas anders an-, als auf das vollkommenste allgemeinste Beste?

Vertheidigung etc. l. c. p. 5. 176.

O! wenn die W a n d e r e r (Dya Na Sore, Wien 1791. 3. B.) einmal nach Deutschland kämen! was würden sie sagen? Es fehlt überall an festen und gerechten Principien, und an einem gemeinsamen Maasstaab, sobald Einigen ein desfallsiges Vorrecht cum exclusione aliorum, in den allgemeinsten Gesellschafts-Verhältnifsen, wegen der individuellen Potenz eingeräumt werden soll.

So stöfst das Expediens mit dem Besitz und die Untermischung des ganzen aus Kaiserlichen (allgemeinen, Reichs) und (particulairen) ständischen Landposten-Combinationen, wo es auf das Transito ins Weite, ankömmt, gegen die eigene Grundsätze der Stände, bey den Reichsgesetzen über das Postwesen v o r dem Jahr 1650. etc. oder

I

gegen die allgemeine der Constitution: (Gleichheit der Rechte. J. p. o. art. VIII. §. 1. 2.) Nach jenen sollten gar keine, nach diesen (supposita veritate unius) überall ständische Posten existiren, wenn es nicht Convenienz den Einzelnen werden soll.

10) Lafst uns aufrichtig seyn; wir behalten alle bis zum — ewigen Frieden ein verschiedenes Interesse: dazu gehört die nun einmal existirende Diversität in Religions-Meinungen, so gut, wie jene vom Gleichgewicht Europens, in Hinsicht des Einflufses und der Folgen in Staatssachen.

Unter den im Präludium besagten Papieren fand ich einen alten gesandtschaftlichen Bericht nach Wien, über eine vertrauliche Eröfnung eines Ministers von dem Hofe, der nach Nr. 8. hujus §vi. 100 Jahre später andere Grundsätze zu haben scheint; die Eröfnung bestand darinn:

Ohne ernstliche, wirksame, verfängliche Mittel gegen das von Plätensche Postwesen, sey zu befürchten, dafs es andere Stände zur Consequenz ziehen,

und dadurch das ganze Postwesen in eine solche Zerrüttung fallen werde, daſs fast niemand einige sichere geheime Korrespondenz mehr führen könnte, worauf man vor diesem, von Seiten der anderen, fürnämlich catholischen Ständen, insonderheit aber des Hauses * * das gröſste Absehen jederzeit gestellt. Aehnliche Bemerkungen enthält die
 Vertheidigung etc. l. c. p. 95. wer sieht so gar in politicis und judicialibus gut, ob für dergleichen Depechen in Ländern Contra quae, gar keine Temeration zu besorgen wäre?
 Vertheidigung etc. l. c. p. 101. 102. 122. Chicaniren doch die Regierungen contra quae, die Reichs-Posten mit Ausstellung des recepisse? wer wird die verschiedene Tarife regieren, wie würden Post-Freythümer über mehrere Districte erhalten werden können?
 Vertheidigung l. c. p. 101. 115. Allen diesen politischen und oekonomischen Bedenklichkeiten hilft die Reichsanstalt ab, sobald sie durchgängig ist.

I 2

Sie stehet in genauerer Dependenz: Man kann auf sie, als auf eine, überall recurriren, und zwar mit Effect; alles kann leichter gegen sie debattiren, weil ihr leicht der Herr zu finden ist, alles wird bey einer so unirten und fixirten Anstalt geleitet werden können.

Vertheidigung etc. p. 150. item 138.

11) Die §. §. 2 et 3 der Wahlcapitulation art. 29. in Betreff der Brief-Collection und Distribution hätten keinen Sinn, wenn nicht bey der Reichs-Post das Anhängen der privatorum mit ihrer Essito und Transito-Correspondenz und die Durchgängigkeit der Reichs-Post über Mittelorte, wo es auf Cours-Routen ankömmt, (z. B. Ostende bis Neapel) — wenn also nicht eine für die deutsche Gesammt-Territorien berechnete Anstalt gemeint gewesen wäre.

Vertheidigung etc. p. 65.

(Mertens) Beleuchtung etc. l. c. 1792. p. 14. §. 13.

12) Selbst die Sucht, sich auf Kosten der Reichs-Anstalt zu extendiren, ist ein Beweis, daß das Postwesen nur

durch Extension und Connexion erhalten werden könne: Beede sind in doppelter Hinsicht wichtig und nöthig:

a) wegen des Zwecks des Postwesens, weil ohne Vollkommenheit des Mittels (der Anstalt) jener, und

b) dieses ohne jene Extension, als wesentlicher Bedingung, nicht erreichbar ist.

Durch diese Extension wird die innere Subsistenz der Anstalt, die Vollkommenheit, nämlich Tauglichkeit des Mittels und die Erreichung des obersten Zwecks — gewährt, weil jene überhaupt, und bey diesem insbesondere die Wohlfeilheit, nur durch die Menge der Correspondenz-Affiliationen erhalten werden kann, so wie der Fluſs nur durch die Anastomoses mehrerer Flüſse endlich Schiffbar wird, d. h. Schiffe tragen kann.

Ich wünschte, daſs nicht nur aus Hauspolitik, sondern auch aus Patriotismus, das Haus Taxis, sich um den Vorzug bey dieser Anstalt zu bewerben, weder Muth noch Lust verliere, sondern es sich zum System mache, immer das

Postwesen zur Hauptsache, und Territorial-Acquisitionen nur als reserve-Fonds ansehe, da es sich doch niemal zu einer Potenz mit dem Exponenten, von 10000000 Kilometres - Carrés erschwingen kann: Und ich hoffe es von den aufgeklärten und grofsmüthigen Staats-Maximen Frankreichs, (so viel auch Rebmann in der zweiten Numer seiner Laterne dagegen Bedenken erregen will) Oestreichs und Preufsens, dafs sie das Haus, dem auch seine Feinde Verdienste nicht absprechen, darinn unterstützen werden.

Jene Concurrenz der Provinzial-Posten ist meisten Theils vana invidia, welche dennoch den vorgewandten Zweck, aus Mangel der Universal-Connexionen, niemal so vollkommen erreichen kann, als ihn das Reichs-Postwesen bey mehr Schutz und Hilfe gemäfs der ursprünglichen Anlage erreichen wird. Mit der Reichs-Post-Anstalt würde alles bisherige (noch lange nicht vollkommene) gute, das zum Schein der Statthaftigkeit jener Konkurrenz gewendet werden will, sicher aufhören; weil es nur durch die überall noch mitlaufende Reichs-Posten geleistet wird;

Vertheidigung l. c. p. 215. Ich wünsche nicht, dafs man vom Gegentheil ein Experiment mache, gegen welches ich oben her schon gewarnt habe.

Es ist blofs Mifsgunst, wenn man das, was schon da ist, aufheben, oder wenigstens indirecte angreiffen, und nach und nach — stranguliren will, um sich — in den Sattel zu schwingen, und doch wird man nicht anders, am wenigsten besser reiten; —. Und doch sollte das Principium das Commune Bonum maximum seyn; item, entia non sunt multiplicanda, et salus publica praevalet particulari.

Vertheidigung etc. l. c. p. 114.

13) Ich sage es zum drittenmal, die Einschränkung dieser Anstalt, (durch das Princip von Possefs und Herkommen, bey einer das allgemeine Beste beziehenden Sache) auf Zeit und Raum, hat etwas kläglich kleines an sich, da vielmehr zu jenem grofsen Endzweck, auch beim Staaten-Verein, die ein-

zelne Staatsgewalten einzuschränken wären : Selbst

Beust l. c. II. Th. V. Absch. §. 7. pag. 995. 999.

hat sich einmal vergefsen, und diese Universalität anerkannt; übrigens kömmt mir das Abmefsen nach Herkommen, und das Einzwängen auf eine Erdscholle, was über Reiche seine Merkur-Flügel schwingen soll, bey dieser Anstalt gerade vor, als wenn man den Luftstrom und Lichtstral auf Vogelkehlen und Mädchenaugen, und die lebensschwangere Kraft der Natur auf ein Baum-Reislein pfropfen wollte: lafs ihnen allen dreien nur Freiheit; sie singen, blitzen und gedeihen von selbst.

14) Die ewige Hipothésis aber, dafs das Reichs-Postwesen nur in seiner vollkommensten Gestalt jenen Zweck erreichen könne und werde, und dafs die vollkommenste Gestalt nur in der Allgemeinheit und Einheit bestehe, das ist's, worauf alles ankömmt, und was §. 9. und sonst passim erwiesen seyn sollte.

Confer.- Vertheidigung etc. l.
c. p. 121. 122. 126. 127. 129. 138. 139.
141. 145. 153. u. passim.

15) Die Erfahrung hat übrigens gelehrt; (z. B. 1745) dafs man wegen des verschiedenen Interesse (N. 10) der Deutschen untereinander, und gegen auswärtige, den Reichs-Posten vor allen andern traute.

Häberlin, Cont. Buderi IV. pag. 207.

Vertheidigung etc. l. c. pag. 126. seq. 177. 142. welches auch, als einem dritten, unter besagten Umständen, natürlich ist; Es darf und soll also nach diesem Wink der Erfahrung, zu diesem Behuf nur noch selbstständiger gemacht werden. (n. 10 supra) Es beruht nämlich die moralische Sicherheit der Correspondenz mehr auf der Opinion als auf der Gewalt, welche eben wegen der collidirenden Interesse mehrerer Gewalthaber und derer difficilis Conventio, vielmehr abschreckt, weil keine Reclamation etwas ausrichten würde. Auch mufs man von der Uneinigkeit der Provinzial - Posten unter sich selbst

Vertheidigung etc. l. c. p. 102. 122.

förmliche Stockungen befürchten, wenigst, waern es keine erbauliche Auftritte, welche —

Beust l. c. Thl. 1. Absch. II. §. 32. p. 195. seq. Thl. III. Absch. V. §. 12. p. 819. §. 24. p. 879.

beschreibt, die sich unter Keeser und Egger zwischen Sachsen und Brandenburg ergaben; Es ist zwar das nähere verschwiegen, in wie ferne die Combinationen der Reichs-Posten hier ein gutes Expediens waren, aber eine gesetzliche, uniforme, durchgehende Anstalt beugt allem vor:

Ich bemerke daher auch hier gelegenheitlich, dafs das, was

l. c. p. 819.

die Brandenburger den Schweden 1684 zu Colbatz und dann in den Conferenzen wegen bestimmten ohnveränderlichen Routen sagten, viel pafsender zu der generellen Reichs-Postanstalt gezogen werden, und durch sie pro bono publico geleistet werden könnte: Im ersten Fall mußten doch (p. 196) die Kaiserlichen Posten aushelfen, und das ganze factum beweist klar, daſs dergleichen vervielfachte Post - Souverainitäten dem Ganzen durch ihre innere Animositäten und Handwerks-Neid vielmehr schaden, als durch die sogenannte Aemulation

Nonn. l. c. p. 30. §. 14. 2. Abschn.

nützen, welches alles bey einer Universal-Post für den grossen Zug durch alle oder mehrere Provinzen, nicht zu befürchten, oder durch die Reichs-Post-Deputation leicht zu heben ist.

16) Der Reichs-Postanstalt soll also in jeder Rücksicht zum allgemeinen, aus der Summe der individuellen Vortheile (die sie nur in ihrer Allgemeinheit, und ohne diese nicht mehr, z. B. dem commerzirenden Publiko gewähren kann, Vertheidigung l. c. p. 152. 187. 217.) erwachsenden Besten, der vollkommenere Stand durch ihre Erhaltung und Flor verschaft werden.

17) Zusammenhang, Ausdehnung auf das Ganze, (ohne Monopol, ich sag es auch zum drittenmal) Freiheit, — zu welchem allen die Reichs-Posten als Reichs-Anstalt am geeignetesten und Anspruchmässigsten sind, diese drey Ressorts heben das Institut, noch mehr aber, durch eine Art mutueller Redundanz, die Objekte selbst, nämlich das Commerz, und jede Art von Correspondenz-Umtrieb.

18) Erdenkt immer Mittel und Pläne für die Sicherheit, Aneleration und Wohlfeilheit des Korrespondenz-Transports, aber — genirt den Lauf der Posten nicht, sonst gehet es wie bey dem Hund in der — Fabel, wovon ich eine sehr schöne Handzeichnung meines ehemaligen lieben Informators * besitze.

Ihr müfst dem Directorio Gewalt (Freiheit) geben; denn eben weil es nicht kann, und keinen dem Institut und dem Zweck desselben angemessenen Spielraum hat, den ihr blofs aus technischer Unkunde und einseitiger, so leicht realiter zu beseitigenden Besorgnifs, über eure Jura majestatica, been-

get, — weil es endlich nicht darf, weil
es kein Soutien erhält, (n. 8.) deswegen kann es die Leute in keiner Disciplin erhalten; das merken sie alsbald
und pochen wohl darauf; daher entstehen die häufigsten und schreiendsten Unordnungen und Imonvenienzen; man
muſs ihnen wohl indulgiren, um durch
sie nur einsweilen den Gang fortzufri-
sten, und die affaires au courant zu
halten: das war der Fall, während dieses heillosen Kriegs, auf der Route
von Frankfurt bis Basel und Augsburg;
Es gehet dies so weit, daſs sie sich beinahe offenbare Schuppereyen erlauben,
die man nicht mit Gewalt redressiren
kann, weil Complottirung mit Auswärtigen, und Soutien daher sogar zu befürchten wäre; man muſs — sich also
pro redimenda vexa bestehlen laſsen.
Gebt hier Sicherheit und Assistenz, und
man kann gerade und strenge verfahren,
ja gerade, denn das Directorium wird
manches flickhafte Expediens, manches
rückhaltende Betragen abwerfen können,
sobald es mehr Luft bekömmt.
Vergl. N. 8. supra §.

19) Gewiſs hat die Bedrückung des Postwesens sehr viel andere ressorts, als die vindicatio jurium majestaticorum, und oft sogar noch andere, als lucri spem; nämlich Religions - Eifer und politisches Mifstrauen (n. 13) ministerial und andere Personal-Animositäten, Hexzereyen einzelner Rôtûriers, welche blauen Dunst vormalen, und goldenen Durst haben: wüſste man nur alle einzelne origines der verschiedenen motuum septentrionalium, wie ich deren manche weiſs, oder vielmehr gehe man nur mit einem comparativen aber unterrichteten Auge die deutsche Staatshändel von 1650 bis 1758 in dieser Rücksicht durch; man combinire die auspolitischen Partikular-Verhältniſse gegen das Haus Oesterreich entsprungene Kriege, und andere Partikular - Differenzen, und der politische Synchronismus wird eine sehr belehrende Controlle zu jenen Vorgängen für den Beobachtungsgeist liefern.

Confer. Nonne l. c. §. 31.

Mertens l. c. p. 79. 99. Weswegen ich also auch hier die obenher §. h. n. 3. gesetzte Remarque wiederhole; alle diese mitunter unlautere Quellen der Post-Septembrisirung zeigen aber deutlich, daſs man in Gefahr stehe, das Kindlein sammt dem Bade zu verschütten.

20.) Was wäre wohl ohne die Acten des Post-Directoriums zu thun? wollt ihr sie kaufen? aber auch erhalten? oder ohne den Bestand zu erschüttern, das Wesen fortführen? oder auf Kosten des Publikums den Dienst fortschleppen, bis ihr durch Zeit und Erfahrung selbst unterrichtet seyd? Ich besorge, daſs ihr den Schatz von Notizen nicht beurtheilen, und wie gesagt, mit Nachtheil des Dienstes ihn lernen und führen würdet! das Allgemeine ist ganz etwas anders, als das Particulaire.

21.) Es war schon einmal ein Publizist in der Billigkeit so weit gegangen,
   Häberli n Continuas. Buderi Repert.
   IV. Band p. 206.
das Simultaneum der Provinzial-Posten ejusdem specieri, quia officeretur, zu miſsbilligen, hievon wäre der Schritt, ne officiatur, der Universal-Natur eben so consequent.

Wenn ich dem Ideal der besten Postanstalt eine Universal-Natur, Beylege, so will ich kein Monopol der Reichs-Anstalt haben, sondern jeder mache in seinem Lande, was er will; aber die Reichs-Posten sollen durchaus gehende Routen, allwärts anbindeude Combinationen, allwärts das Ius aperturae geniefsen, und durch den Parallellismus Reichsständischer Combinationen, über das Territorium hinaus, oder sonst, nicht das Privilegii ihrer Allgemeinheit und der Subsistenz vi aut clam beraubt werden; So meyn' ichs.

22.) Das System mehrerer Postanstalten, in einem grofsen District, wie ohngefähr Deutschland ist, widerspricht nicht nur der Natur und eigenen Vollkommenheit, da es nicht durchgängig ist, sondern stuckt; sondern es lautet auch sehr inconsequent, wenn man seine positive Gründe anhört.

Es bedient sich z. B. der Reichsgesetze von 1637. und 1641. und der Wahlkapitulation, auch wohl der Gewalt, gegen die Reichsstädtische Bothenanstalten, welche ihren Provinzial-Etablissementsschaden, oder denselben keinen — Freyhafen

Vertheidigung l. c. p. 68. 160.
211. 251.
geben wollen, läst solche aber gegen sich von Seiten des Reichs-Postwesens nicht gelten; auch sollen dergleichen Reichsgesetze nur Kraft für ganz individuelle Umstände des Orts und der Zeit, und keine allgemein-gültige Nothwendigkeit — zu folgen, involviren.

Vertheidigung etc. l. c. p. 9. 92.

23.) Eben so inconsequent ist die Chicane, wenn, bloſs eine allgemeine Reichs-Postanstalt für den Kayser en idée, in so weit aber die Belehnung (oder Constituirung, welches besser lautet) eines Individui, und durch diese Realisirung, eine Zentrirung entstünde, — nicht, existiren soll: Wo ist der Maaſsstab? wer kann und darf ihn anlegen, in wie weit, durch alle Verhältniſse, jene Idee realisirt werden dürfe und könne?

Vertheidigung p. 5. 176. 238.

Etwa auch nur das Interesse — das unüberlegte Interesse, das den Durchgang einer gemeinnützigen Anstalt verzehnden, und verzollen will, und dadurch

K

Käufer und Verkäufer ruinirt; — un,
überlegter als alle Droits d'aubaine oder
d'enregistrements!

Wie soll es ohne jene Collision (das
Interesse, der Zentirung) und ohne sich
lächerlich zu machen, und blofs zu geben, wegen des Majus und Minus, was
jene Idee rentiren dürfe, — wie soll es
en detail beschränkt werden. (n. 10.) Etwa wie Hefsen ohnlängst eine Post-Mafs-
kopey angetragen haben soll! wie sollen
Auswärtige, wie die Innländer, wo keine Posten sind, und auch nicht angelegt werden können, behandelt werden?
ohne die deutsche Gleichheit der Rechte
zu verletzen! Soll alles gratis transportirt werden? und nur der Kayser für
seine Kayserliche Depechen die Anstalt
zahlen? damit er noch für sein baares
Geld sich erkundigen mufs, ob die Stände ferners in Connexion bleiben wollen
oder nicht? wie weit kömmt es mit der
deutschen Kayserkrone (mit seiner
Macht kam es schon bis auf das Ius
honorum et munerum — carnificum,
und bis auf das Privilegium des Mithridat-Propolii) — wenn der Augustissi-

mus noch papier timbre dazu haben, und in alle 32 Winde heute noch Couriers schicken muſs, ob er sie morgen noch aufsetzen soll? dazu eine eigene Reichs-Post zu halten, wäre wahrlich, zu theuer.

Was wollen also alle jene Sätze sagen, die aus den Maximen herauskollern, welche

Struben (in der Vertheidigung l. c. p. 57. litt. K. p. 58. 78.
ehemals festsetzen wollte? was wollen sie sagen, wenn sie nicht, indirecte. nichts sagen, und das ganze effective, annulliren sollen.

24.) Es ist noch lange nicht von einem Postmonopol die Rede; aber existiren deren nicht so viele im Reiche, und unterliegt nicht das dentsche Gesammt-Territorium wenigst seiner eigenen Souverainität, die doch wohl allgemeine Einschränkungen machen kann.

Pütter Beyträge etc. l. c. Thl. I. N. 18. et 19. (das Beste was er schrieb —)

Schickt sich die Postanstalt nicht am Besten dahin, wo der Ring — seyn soll, welcher alle Ketten und Glieder an einem Punct zusammenhält, weil nun doch einmal eine solche Vereinigungsform und Punct wenigst nach einigen Profesoren auf deutschen Universitäten existiren soll, und weil überall, wo eine solche Form im Natur - und Geister-Reich existiret, alle hauptsächliche Dinge conzentrirt und afsymtotirt werden.

25.) Ich muſs hier nochmal auf alle jene Stellen aufmerksam machen, welche ich schon allegirt habe, und noch allegiren werde, wo das System mehrerer Provinzial - Posten in Deutschland, si de lege ferenda quaeritur, miſsbilliget wird, besonders aber

Nonne l. c. II Absch. §. 11. 12. 17. 30. p. 27. seq.

26.) Berühren aber will ich nur die lauten und neuern positiven Vorwürfe, welche der Partheylichkeit und dem Druck derselben gemacht worden und werden, wie z. B. der Reichs-Anzeiger und eine andere Zeitung gegen Hessen enthielten, und wie mehrere, besonders aber gegen die Hannoveraner,

> Fahrnholz, (im 15 Band der ökonomischen Nachrichten p. 403.) in seiner Abschilderung etc. und der Verfafser der Vertheidigung etc.

auf jeder dritten Seite schon gemeldet haben; und wenn man bedenkt, was mir selbst auf einem Reichs-Bureau

> S. das Präludium

auf indirecten, freylich nicht leicht juridisch constatirlichen Kabinetsbefehl (neque Taxis contra torrentem) wiederfuhr; was läfst sich erwarten, dafs geschehen werde, wenn es ganz haeresi eorum überlafsen ist.

27.) Wer und warum wollte sich also wohl noch Iemand dagegen setzen, was ich von Herzen patriotisch vorschlage? vielleicht Ausländer? d. h. Provinzialisten, um nichts nachzugeben, oder um, wie bey dem Handel, durch Ueberbieten, etwas zu erhalten; oder weil sie Gespenster fürchten, also Ambition, vana *) spes lucri, und Ludibria mentis — das alles soll der Patriotismus überwinden!

Innländer? d. h. das Haus Taxis? Ich glaube es nicht, besonders wenn noch gewiſse Modificationen convenirt und garantirt werden; es müſste nur zum Unglück noch etwas von dem Geist bey der letzten Purification zurückgeblieben seyn, der alle, auf **U n k o s t e n** des **F ü r s t e n** erwerbende und erworbene Ehre allein haben möchte.

Beyde soll der Patriotismus entwafnen? vertauscht eure Sitzungen mit dem Werkzeug der Vaterlandsliebe und der Patrioten-Ehre!

28.) Also Sicherheit, Gefährdelosigkeit (die von einem Reichs-Erzbeamten gegen Freund und Feind wohl eher, als von Provinzial-Pächtern zu erwarten ist) Wohlfeilheit, Geschwindigkeit, Richtigkeit, Disciplin — (§. 10.) alles, was

---

*) Ia, denn ich habe von mehreren Orten eben so vertrauliche als verläſsige Geständniſse erhalten, daſs es bloſs der **A n s t a n d** nicht mehr leide, diese Cammer-Speculation aufzugeben.

den Zweck des Postwesens ausmacht, ist durch eine Reichs-Postanstalt besser, als durch Zerstückelung derselben zu erreichen.

Dixi et salvari animam meam!

29.) Das alles haben auch schon andere gesagt, und anerkännt; besonders gut auseinandergesetzt ist's §. §. 3 etc. 6. 19 bis 21. 30. II Absch. (in Nonne) über das gemeine Reichs - Postwesen (Hildburghausen 1792. 8.) dafs nur die Einheit dem Zweck des Instituts angemessen sey, dafs aber die Inconvenienz und Incombinabilität der Mehrfachheit der Post-Directorien allen Anfang schon ohnmöglich gemacht haben würde, jetzt aber nur, wie es das Schicksal aller anderen Anstalten zeigt, entweder Auflösung, wenigst Zerrüttung hervorbringt; dafs ferners nur die Einheit und Continuität und Contiguität der Reichs-Postanstalt (weil alle Provinzial-Posten, blofse Finanz-Operationen sind) eine wohlfeile Taxe möglich mache.

idem (Mertens) Beleuchtung etc. l. c. p.

Ich habe für alles das, in genere genommen, sogar den Konsens mehrerer Politiker, (ohne die schon allegirte einzelne Schriftsteller) denen im Schlaf und Wachen ein günstiges unpartheyisches Silbchen entfuhr. Ich will sie blofs — Fronte, und sonst kein Exercitium machen lafsen, nämlich:

v. L. Seckendorf im Fürstenstaat, in additionibus.

Bergius im Poliz. und Cam. Magaz. voce Post.

Justi System des Finanzwesens §. 343. item in seiner Polizey-Wissenschaft.

Jung, in der Finanzwissenschaft und Staats-Polizey.

Zinken Anfangsgründe der Criminalwissenschaft II Thl. I Abth. C. 7. §. 405. in not. p. 461.

Henniges, med. ad Instr. Pac. os. p. 1335 seq.

Gundling im Discours z. Carl VI. Wahlcap. und in Gundlingianis pag. 1424.

Glafey im Natur. Recht, lib. 3. C. 7. p. 718.

Häberlin, Cons. Buderi loc. cit.
Zois (im Christoph Kramers Abhandlungen etc. Wien 1775.) wie im H. R. R. das Postwesen zu betrachten.
Königs, Selecta juris publici Thl. 14. die dort befindliche Abhandlung, und weil mir gerade zufällig die oberdeutsche allg. litt. Zeit. St. 85. Mitwoch d. 19 July 1797. in die Hände fällt, so sehe ich, daſs zu den obigen just das Duzzend voll machen kann.

Der Recensent von Waldbergers Versuch etc. besonders p. 21.
Auch soll von einem Reichs-Ständischen geheimen Rath, der in publicis sehr berühmt, aber vor ohngefehr 2 Jahren gestorben ist, eine der Nonneschen ähnliche Abhandlung von selbst dem Fürst Taxis zugeschickt worden seyn, wie ich durch die vierte Hand, von der angefangen zu rechnen, weiſs, welche jene Piece abschrieb: Der letzte §. soll ex instituto den Vorzug der allgemeinen Reichsanstalt zeigen, die übrige die historisch und rechtlich günstige Puncte herausheben: das Ganze war zum Wahlkonvent 1793. bestimmt, um novam imperii legem

zu motiviren und gewissen politischen Constellationen, die Influenz zu benehmen, kam aber zu spät; es soll eine schöne solide Arbeit, und sogar, nach einem brieflichen Vorbericht, von Reichs-Ständischen Ministern approbirt worden seyn.

30.) Resume, Tessera zum Post-Ostrazismus — Anhang zur Motivirung N. VI.

Ich räsonnire so:

Wenn alle die Fälle eintreffen, die §. 1. besorgt werden, so ist die ganze Anstalt gelähmt, — wenn diese Anstalt gelähmt ist, so wird jede Art von einzeln zusammengesetzten Combinationen nur unvollkommen und zweckwidrig wirken. Also — sollte diese Anstalt erhalten und erhöhet werden.

Die Prämissen erweisen sich aus der Natur der Sache, weil nur die Universalität in einem grofsen District Vollkommenheit gewährt, diese aber durch Einschränkungen (welche innerhalb der Grenze eines Monopols zwar stehen bleiben, aber über die Grenze der Durchgängigkeit der Prinzi-

pal-Connexionen nicht gehen darf) und durch Unterbrechungen leidet; weil die Geschwindigkeit, Richtigkeit, Sicherheit und Wohlfeilheit alsdann nicht mehr in dem Grade, welchen der oberste Zweck fodert, hervorgebracht werden kann.

In Specie **motivirt** sich die Erhaltung und Vervollkommnung nach der vorgeschlagenen Modalität, noch dadurch, daſs Unterbrechungen im Postwesen nach der individuellen Lage der Subjecte und Objecte der Correspondenz manchen politischen Bedenklichkeiten unterworfen sind.

Wenn nun die Reichs-Postanstalt so erhalten werden soll, wie es dem obersten Zweck gemäſs ist, so muſs sie zu derjenigen **Vollkommenheit** befördert werden, welche ihrer Natur gemäſs ist, (als dem **wirksamsten Mittel** zu Erreichung des Zwecks,—) ihre Natur ist aber: Ausbreitung, Zusammenhang, Freiheit, Sicherheit, Leichtigkeit.

Dazu gehören die Attribute, a) **Organisation: äussere** (welche schon §. 8. projectirt ist) **innere** der Regié, wie solche §. 9. I. etc. in Bezug auf §. 5. strictim dargestellt ward.

b) **Postvestungen** und **Communicationslinien**
I. C II. et III.

c) **Guarantie** durch ein bestimmtes Inserat beym Völker-Vertrag
ergo — ergo — ergo
A. V C.

§. 12.

Prüfet alles, und das Gute behaltet.

Hiemit mache ich, was meine Wenigkeit betrift, meine Abschiedsvisite, denn: meinen Benjamin (ich hab ihn wahrlich unter Schmerzen erzeugt) — mein Büchlein laſs' ich da.

(Selbst-Rezension) Ich bekenne, daſs die **Sprache**, der **Styl**, die **Ortographie** ungleich, gähnend, incorrect, holpericht, oft flickhaft ist, und überall Spuren von Eile, von Vermischungen, von Nicht—Feilen, an sich trägt: Auch die **Sache** hat Lücken; die Curae posteriores waren aber ohnmöglich.

Das System der inneren Regie des Postwesens ist noch zu leer, das Raisonnement oft ein wenig schielend, die Bündigkeit nicht allemal genug hergestellt, einige Axiomata oder Resultate z. B. auch die Theorie des Staats-Rechts, der Staatskunst, der Staatskunde, des Handels etc. ein wenig einseitig und nicht klar genug gefaſst, manches nicht genug getrennt, manche Idee nicht nach ihrer eigentlichen oder wirksamsten Fügsamkeit gestellt, daher oft wiederholt, oft rage ausgedrückt, einige Supposita zu gewagt, oder zu sehr — supponirt; daſs ich die Leser bald auf das gesagte — bald auf das noch zu sagende zugleich verwiesen habe, geschah nur, um sie wach und in beständigem Odem zu erhalten.

Die Eile der Zeitumstände, die Ueberzeugung von der Wahrheit, die Hofnung, manches nützliche gesagt zu haben, determinirten mich, die Sache dennoch zu wagen:

Ich bitte wegen jener Unvollkommenheiten um Verzeihung, aber ich bitte auch, den Blick, den guten Willen, und ein günstiges Ohr nur auf das Gute zu wenden; bey der Sache selbst habe ich aber zu bemerken, daſs ich nicht erwarte, miſsverstanden oder miſsdeutet zu werden.

a) Um jede Ombrage wegen Correspondenz - Gefährde zu beseitigen, dürfte die Reichsdeputation sich in das innere der regie nicht mischen, mithin muſs das Directorium im Tarif, in der Instradirung, in Coursen, und Routen, und allem, was dazu gehört, ganz frey und unabhängig belaſsen werden, in so weit es ohnehin bloſs die Befolgung der allgemeinen Reichsgesetze voraussetzt.

b) Der Vorschlag muſs **ganz** und **durchgängig** organisirt werden, oder gar nicht; bloſs die kleinere Stände zwingen, und die gröſsere ausnehmen, ist eben so ungerecht als zweckwidrig.

c) Die Reichs-Deputation muſs nur zum unmittelbaren Schutz, zur Assistenz, zum Verband mit dem Reich in corpore, nicht zur **unmittelbaren** Leitung, Untersuchung und Richterin, constituirt, und natürlich ein Kaiserlicher Commissarius vorgesetzt, oder dem Kayser en compromissa perpetuo die nächste Oberaufsicht übertragen werden; in arduis wird das Directorium (d. h. der Fürst Taxis) an Kayser und Reich so gut und noch besser seinen Herrn finden, als ihn jeder Reichsstand von — Theorie wegen, findet.

d) Endlich gehet mein Glaubensbekenntniſs wiederholt dahin, daſs die Restauration oder Reformation des Postwesens auf eine expressam et novam imperii legem zu gründen sey, als auf das einzige Bretchen, auf welchem es aus dem allgemeinen Schiffbruch gerettet werden kann. Darauf hat auch ein billiger und gelehrter Mann, der geheime Rath Gerstlacher in seinen Vorschlägen zur Verbesserung der Wahlcapitulation an. 1789 angetragen. Die Spannung unter den Gliedern des Reichs-Körpers ist historisch, und sind keine aegri e omnia; die Verlegenheit daraus für das Haus Taxis, sulicet qua Träger des Reichs-Postamts, ist evident (§. 11. n. 2.) weil bey der Spannung gegen einander dasselbe nicht soutenirt werden kann, und sich doch an das de quo lis est, halten soll, und weil eben das, was, und wodurch es geltend gemacht werden soll, sub lite pendet: Alles das fällt weg, wenn durch Vertrag und Verein das Haupt-Ressort der Sache, wieder seine Elasticität und Spielraum erhält.

Nebenabsichten habe ich keine, denn.

ich will mich gerne mit der schönen Stelle Dya Na Sore, III Band, p. 885. begnügen, man wird mich ohnehin nicht brauchen. Uebrigens habe weder ich noch mein Verleger viel einzuwenden, wenn uns das Schriftchen confiscirt werden soll; nur bitten wir uns **gleiche Grofsmuth** aus, welche dem Verfaſser der **privat-Gedanken** über die Staatsrechtliche Entschädigung des **Hauses Taxis**, oder wie es dort heiſst, des Hochfürstl. **Thurn und Taxischen, general-Reichs-Ober-Post-meisteramts-Erblehens-sesquipedalia** — — u. s. w. 1797. 8. wiederfahren seyn soll.

Was die Allegata betrift, so mögen durch die Eile und Unterbrechung der Collectaneen, durch das öftere Umschreiben, u. s. w. mehrere Unrichtigkeiten eingeschlichen seyn, und was die Errata betrift, so will ich, wegen Entfernung des Druckorts im nächsten besten Journal seiner Zeit solche nachtragen.

Adieu ! ! !

X.

www.ingramcontent.com/pod-product-compliance
Lightning Source LLC
Chambersburg PA
CBHW030306170426
43202CB00009B/891